Hans Prescher

General Kreipe wird entführt

Hans Prescher (1930 – 2020), Studium der Literatur-, Theater- und Zeitungswissenschaft in München. Promotion mit einer Arbeit über Kurt Tucholsky. Herausgeber eines Tucholsky-Lesebuchs und eines Auswahlbandes Oskar Panizza. Letzte Buchveröffentlichung: *Künste im Aufbruch – München in den 50er Jahren*. Bis zur Pensionierung 1994 war er Leiter des Bereichs Fernsehspiel und Spielfilme beim Hessischen Rundfunk. Seit 1961 besuchte er häufig Kreta und war Autor von Hörfunkberichten und eines Fernsehfilms über die Insel.

Hans Prescher

General Kreipe wird entführt

Ein Husarenstück auf Kreta 1944

Bibliografische Information der Deutschen Bibliothek
Die Deutsche Bibliothek verzeichnet diese Publikation in der Deutschen Nationalbibliografie; detaillierte bibliografische Daten sind im Internet über http://dnb.ddb.de abrufbar.

Verlag Dr. Thomas Balistier
Egartstr. 19
D-72127 Mähringen
www.kreta-buch.de

1. Auflage Mähringen 2007
4. Auflage Mähringen 2024
Redaktionelle Beratung: Ulla Fuchs
Umschlag: PEAK Agentur für Kommunikation GmbH, Tübingen
Herstellung: bookpress.eu, Olsztyn (Polen)

ISBN 978-3-937108-11-7

Inhalt

7 Erster Besuch auf Kreta

13 Widerstand gegen die deutsche Besatzung

23 Die Entführung des Generals Kreipe

51 Reaktionen der Besatzungsmacht

66 Gerichtsverfahren gegen Wehrmachtsangehörige

73 Der Kopf der Entführer

83 Quellen und Literatur

Erstes Kapitel

Erster Besuch auf Kreta

Als ich im September 1961 erstmals nach Kreta kam, gab es an der Nordküste zwischen Heraklion und Agios Nikolaos, dort wo sich heute Hotel an Hotel reiht, nur eine einzige Unterkunft für Touristen. Bei Malia betrieb der pensionierte Polizeigeneral Gramatikakis mit seiner Nichte Maria und seinem agilen Neffen Jorgos direkt am Meer eine kleine Pension mit bescheidenen, an Mönchszellen erinnernde Zimmer. Etwa ein Dutzend Gäste aus europäischen Ländern und ein Gast aus Amerika, die von hier aus die Insel erkunden wollten, hatten sich bei ihnen einquartiert.

Abends, nach Marias mit für uns ungewohnt viel Olivenöl zubereitetem Essen und bei süffigem, leicht süßlichem kretischem Wein, erzählte der weißhaarige General - ein Mann mit mächtigem Schädel - von Kretas großer Vergangenheit, von der Geburt des Zeus in der Diktäischen Höhle und von den minoischen Königen, wobei er mit ausholenden Armbewegungen in die Richtung der drei Paläste wies, in denen sie geherrscht haben sollen: Minos in Knossos, Rhadamanthys in Phaistos und Sarpedon in Malia. Er sprach, als referiere er historische Fakten, und seine Gäste lauschten gebannt und genossen den Wein.

In den Bereich verbürgter geschichtlicher Ereignisse gelangten wir an einem anderen Abend beim Meinungsaustausch über das am Vortag in Heraklion miterlebte prächtige Fest zum tausendsten Jahrestag der Befreiung Kretas von den Sarazenen. Im Jahr 961 hatte der Feldherr und spätere byzantinische Kaiser Nikophoros Fokas die Insel für die Christenheit zurückerobert.

Zu dieser abendlichen Feier hatte sich eine quirlige Menschenmenge auf dem Triskamares-Platz eingefunden. Wir wenigen ausländischen Touristen erhielten Plätze auf der Ehrentribüne zugewiesen. Im Scheinwerferlicht trabten verwegen kostümierte Reiter heran, Flintenschüsse krachten, kretische Tänze und eine farbenprächtige Bauernhochzeit folgten, dabei wurde weiter in die Luft geschossen, und schließlich erleuchtete zischend ein Feuerwerk die Nacht.

Mit diesem Fest zur Erinnerung an ein weit zurückliegendes Ereignis feierten die Kreter ihre Freiheit, für die sie immer wieder gekämpft hatten - leidenschaftlich, unbeugsam, todesmutig. Nikos Kazantzakis, Kretas bedeutendster Schriftsteller, schrieb in seinem Roman *Freiheit oder Tod* dazu: „Es gibt Völker und Menschen, die zu Gott mit Gebet und Tränen rufen oder in zuchtvoller, vernünftiger Selbstbeherrschung oder ihn auch lästern. Die Kreter rufen zu ihm mit dem Gewehr."

Allein für die ersten 150 Jahre der um 1200 beginnenden venezianischen Herrschaft über die Insel sind zehn größere Aufstände verzeichnet. Anlässe gab es genug: hohe Steuern und Abgaben, die Verdrängung der Bevölkerung in das unwirtliche Bergland, während die Venezianer die fruchtbaren Landstriche besiedelten, religiöse Gegensätze, da die römisch-katholischen Priester die griechisch-orthodoxen ablösten. „Die Kampfführung verhärtete sich von Jahrzehnt zu Jahrzehnt, die Venezianer gingen vielfach dazu über, die Insurgenten nicht mehr in förmlichen Prozessen abzuurteilen, sondern sie auf Schiffe zu laden und draußen irgendwo ins Meer zu werfen, um sie nun wirklich und endgültig los zu sein", berichtet Thomas Münster.

Die Venezianer, rund viereinhalb Jahrzehnte lang die Herren über Kreta, wurden von den Osmanen abgelöst. 1648 begann die Belagerung von Heraklion. 21 Jahre lang wurde die Stadt verteidigt, bis sie schließlich doch fiel. Dabei sollen 31.000 Venezianer und Kreter auf der einen Seite und 118.000 gegnerische Osmanen ums Leben gekommen sein. Bald flammten Revolten auf - grausam und blutig war die Konfrontation, die die Kreter unter dem Motto *Freiheit oder Tod* führten. Eine der vielen überlieferten Grausamkeiten der osmanischen Okkupanten ist die Tötung des Daskalojannis, des Anführers eines großen Aufstandes. 1771 wurde er in Heraklion bei lebendigem Leibe gehäutet. Seine mit ihm gefangen genommenen Kampfgefährten stürzten sich daraufhin aus einer Luke ihres Kerkers in den Tod.

Ein Jahrhundert später wurde das Kloster Arkadi heiliges Symbol für den Freiheitskampf der Kreter. 1866 hatten sich nach einem Aufstand Widerstandskämpfer zusammen mit Frauen und Kindern aus der Umgebung dort verschanzt. Als die Osmanen in ihrer Übermacht das Kloster zu erobern drohten, ließ der Abt das Pulvermagazin sprengen. Rund tausend Frauen und Männer und 1800 osmanische Krieger starben. Diese Opfertat wirkte wie ein Fanal - die Großmächte intervenierten bald darauf, und 1913 erhielt Kreta seine Freiheit als ein Teil von Griechenland.

Nach all unseren Gesprächen über Aufstand und Kampf auf Kreta in längst vergangener Zeit, saßen wir eines Abends erneut beim Wein zusammen und warteten darauf, dass der

General und Jorgos auch die jüngste Gewaltherrschaft ansprechen würden - die deutsche Besatzung im Zweiten Weltkrieg. Aber dem war nicht so. Als wir sie danach fragten, antworteten sie, es sei eben Krieg gewesen, mit Grausamkeiten auf beiden Seiten, das sei lange vorbei, und sie tranken ihren deutschen Gästen zu.

Wir erinnerten uns, dass Thomas Münster in *Kreta hat andere Sterne*, das zu damaliger Zeit einzige neue Reisebuch über die Insel, von ähnlichen Erfahrungen berichtet. Ausführlich schreibt er von Aufständen, Helden- und Schreckenstaten in früheren Jahrhunderten, aber nur wenig über die Massaker der deutschen Besatzer im Zweiten Weltkrieg. Er wunderte sich, dass die Kreter so wenig davon sprachen und dass sie gegen die Deutschen keine Ressentiments zu hegen schienen. Münster versuchte, sich in die Mentalität der Kreter zu versetzen und läßt sie über die Deutschen sagen: „Wer sind diese Barbaren aus dem Norden schon, dass sie einmal glaubten, sie könnten uns im Handstreich nehmen? - Wer sind sie, dass sie annehmen, wir müssten ihnen dieses tragischen Irrtums wegen böse sein, den sie selbst bezahlt haben?“ Übrigens: das Wort Barbaren für die Deutschen auf Mahnmalen für von ihnen ermordete Dorfbewohner ist bald ersetzt worden durch andere Bezeichnungen, vornehmlich in Kombination mit Nazi.

Zu vorgerückter Stunde und nach einigem an Raki fragten wir erneut und nachdrücklich. Ja, die Besatzungszeit war hart, meinte der General. Es gab Opfer, viele Opfer, aber *Kampf kostet Blut* laute ein alter kretischer Satz, und schließlich: „Wir haben mit britischer Hilfe gesiegt, schon sieben Monate vor Kriegsende zogen sich die deutschen Truppen auf einen Stützpunkt bei Chania zurück; Sieger sollten generous sein.“ Und dann sei da noch die Aktion Kreipe gewesen, die den Kretern enormen Auftrieb gegeben habe. Kreipe? Nie gehört, sagten wir. General Kreipe - jeder Kreter kenne diesen Namen, behaupteten der General und Jorgos.

Jorgos lebt auf, als er uns in einer Mischung aus Englisch und Deutsch diese Generalsentführung ebenso vorspielt wie erzählt. Nicht weit von Knossos, wo einst Theseus den Minotaurus besiegte, erwarten nachts zwei britische Geheimdienstoffiziere in deutscher Uniform den Wagen von General Kreipe. Sie schwenken eine rote Signallampe, wie Jorgos anschaulich demonstriert. Der Wagen hält, kretische Partisanen springen aus der Deckung, überwältigen den General und seinen Fahrer. Der eine Engländer übernimmt das Steuer, der andere daneben setzt sich die Mütze des Generalmajors auf. Der Wagen braust davon in die Nacht, sagt Jorgos. Der General muss sich auf den Boden vor den Rücksitzen zwängen, einer der Kreter hält ihm ein Messer an die Kehle, dicht an die Kehle - ein Laut, und der General wäre tot gewesen wie ein Stein und nicht heil in Ägypten gelandet, erklärt Jorgos.

Bei meinen weiteren Besuchen auf der Insel hörte ich noch oft die Geschichte von der Entführung des deutschen Generals. Zeitungen und Fernsehen auf Kreta erinnern immer wieder an dieses tollkühne Unternehmen. Das *Cretan Historical and Folklore Museum*, 300 Meter entfernt von der Stelle der Gefangennahme Kreipes, zeigt neben allerlei Kriegsgerät auch Erinnerungsstücke und Fotos von dieser Aktion. Bei der Straßenkreuzung, wo Kreipe gekidnappt wurde, ragt eine schlanke, teilweise von Stacheldraht umgebene Eisenplastik in den Himmel. Der kretische Künstler Manolis Tsombanakis will damit Kretas Kampf für seine Freiheit symbolisieren. Viele Indizien sprechen dafür, dass die Generalsentführung weiterhin einen festen Platz behaupten wird im reichen Schatz an Legenden und Geschichten aus Kretas Vergangenheit.

Das von dem kretischen Künstler Manolis Tsombanakis geschaffene Denkmal zur Erinnerung an die Entführung General Kreipes. Es steht an der Straße Archanes - Heraklion nahe der Stelle, an der Kreipe gefangen genommen wurde.

Zweites Kapitel

Widerstand gegen die deutsche Besatzung

Nachdem die deutsche Wehrmacht das griechische Festland besetzt hatte, begann am 20. Mai 1941 als Invasion aus der Luft mit Fallschirm- und Luftlandetruppen der Angriff auf die Insel Kreta, die als „unsinkbarer Flugzeugträger" zum „Stützpunkt für die Luftkriegsführung gegen England im Ost-Mittelmeer" werden sollte - allerdings hat Kreta im weiteren, für Deutschland ungünstigen Kriegsverlauf kaum je für diesen Zweck genutzt werden können.

Fallschirmjäger in großer Zahl sprangen ab und gerieten noch in der Luft und dann auf dem Boden in das starke Abwehrfeuer von englischen, australischen, neuseeländischen und griechischen Truppen und auch von Kretern, die sich nach alter Tradition entschlossen gegen die feindlichen Eindringlinge wehrten, zum Teil mit Gewehren, mit denen die älteren unter ihnen schon gegen die Türken gekämpft hatten.

Die Deutschen erlitten hohe Verluste, allein auf dem Kriegsfriedhof Maleme liegen 4465 gefallene deutsche Soldaten begraben. Die alliierten Truppen, zum Teil durch Einsätze auf dem Festland geschwächt, erwiesen sich trotz zahlenmäßiger Überlegenheit als wenig kampfstark und entschlossen. Dem deutschen Ansturm waren sie nicht gewachsen. Sie versuchten daher, auf Befehl der Gefangenschaft zu entgehen und nach Ägypten zu entkommen. Manche Kreter äußerten noch lange ihre Enttäuschung darüber.

Am 2. Juni 1941 tönte Reichsmarschall Hermann Göring als Oberbefehlshaber der Luftwaffe und der dazugehörenden Fallschirmjäger hochtrabend: „Eine große Ruhmestat in der Geschichte unserer jungen Waffe ist vollendet. Auf Kreta wehen unsere Siegesfahnen (. . .) Vorwärts im Geiste der Sieger von Kreta. - Es lebe der Führer!"

Die unerwartet starke Beteiligung der Kreter an der Gegenwehr fand am 28. Mai 1941 im Wehrmachtsbericht ihren Niederschlag in der diffamierenden Formulierung, der „zähe Widerstand britischer Kräfte und Insurgentenbanden" sei gebrochen. In dem Propagandabuch *Kreta – Sieg der Kühnsten* werden die Widerständler zu „Franktireuren, Räubern und Leichenfledderern" herabgewürdigt, die, wie es an anderer Stelle unmissverständlich heißt, „ihrer gerechten Strafe nicht entgehen" werden. Und noch vor Ende des Kampfes um Kreta begannen die Massenerschießungen als „Sühnemaßnahmen". Die bisher an schnelle Siege bei geringen eigenen Verlusten gewöhnte deutsche Armee war schockiert, wie schwer und verlustreich sich die Eroberung dieser Insel erwies und wütete nun unter der Zivilbevölkerung. Vorgebliche Vergehen an Verwundeten und Toten galten als zusätzliche Begründung für Erschießungen.

Bei General Student, Befehlshaber der Fallschirm- und Luftlandetruppen, kannten Hass und Rachedurst keine Grenzen. Er billigte die „Selbsthilfeaktionen", bei denen die Truppe in Dörfern, die Widerstand geleistet hatten, eigenmächtig „einen großen Teil der Zivilbevölkerung“ erschoss, und er forderte, „unter Beiseitestellung aller Formalien“, mit „äußerster Härte“ gegen die Kreter vorzugehen. Er nannte sie „Mörder und Bestien“ und gebrauchte sogar den schauerlichen Schlüsselbegriff der nationalsozialistischen Ideologie: die „Ausrottung“ der männlichen Bevölkerung sei in manchen Gebieten eine mögliche Vergeltungsmaßnahme.

Nikos Kazantzakis bereiste nach Kriegsende zusammen mit zwei griechischen Professoren seine Heimatinsel und befragte Zeugen über die Besatzungszeit. In dem Dorf Alikianos erfuhr er von Einwohnern über deutsche Soldaten: „Am 2. Juni 1941 exekutierten sie auf dem Kirchhof 42 Männer, vor den Augen ihrer zum Zuschauen gezwungenen Frauen, als Sühnemaßnahme für die während des Angriffs getöteten Fallschirmjäger. Die Todgeweihten mussten mit eigener Hand ihre Gräber ausheben. Nachdem die Deutschen ihnen ihr Geld, ihre Ringe und Uhren abgenommen hatten, erschossen sie sie in Zehnergruppen und warfen ihnen jeweils - anstelle von Gnadenschüssen - noch eine Handgranate hinterher. Viele sind lebendig begraben worden. Augenzeugen berichten, dass sich die auf die Erschossenen geworfene Erde noch von den Todeszuckungen der so Begrabenen bewegte.“

Freiheit oder Tod

Statt wie erwartet den Widerstandswillen der Kreter durch mörderische Repressalien zu brechen, bestärkte die Besatzungsmacht in gänzlicher Verkennung kretischer Mentalität und Geschichte die Entschlossenheit zum Untergrundkampf noch. Gruppen von Kämpfern schlossen sich zusammen. So traf sich die Einheit von Kapetan Manolis Badouvas, später einer der Helden des kretischen Freiheitskampfes, schon am 2. Juni 1941 bei dem Dorf Agios Sillos, um vor einem Mönch feierlich zu geloben: „Wir schwören, den Kampf gegen den Unterdrücker unserer Heimat fortzusetzen bis zur Befreiung auch der hintersten Ecke von Griechenland. Wir bringen uns selbst ein, unsere Familien und unser gesamtes Hab und Gut. Unser Wahlspruch lautet: Freiheit oder Tod."

Partisanen der Truppe des legendären Kapetan Manolis Badouvas (zweiter von rechts vorne), neben ihm an beiden Seiten seine Brüder Nikolaos und Joannis. Hinten in der Mitte steht der griechische Major Evangelos Philippakis, Verbindungsoffizier zum alliierten Hauptquartier in Kairo.

Der Anführer einer Partisaneneinheit wurde Kapetan genannt, eine Rangbezeichnung, die ebenso wie das Motto „Freiheit oder Tod" schon im Kampf gegen die Türken verwendet worden war. In einem Dorf soll eine solche Gruppe aus einer einzigen Familie bestanden haben: Der achtzigjährige Großvater kommandierte als Kapetan sechzehn Söhne und siebenundzwanzig Enkel - so wird auf Kreta erzählt.

Übrigens suchte Tito, der Anführer des Widerstands gegen die deutschen Besatzer in Jugoslawien, Kontakt zu Badouvas. Er schickte 1942 einen Verbindungsoffizier zu ihm, der die Kooperation zwischen den jugoslawischen, griechischen und kretischen Untergrundkämpfern einleiten sollte. Doch der eigensinnige und stolze Kreter lehnte aus nur ihm selbst bekannten Gründen ab, wie es in einer griechischen Darstellung heißt.

Badouvas traf sich im März 1942 mit dem für „Gegenspionage“ zuständigen deutschen Hauptmann Hartmann, unter bewaffneter Begleitung auf beiden Seiten. Hartmann hielt Badouvas vor, die Deutschen würden an allen Fronten siegen, der Endsieg sei nahe, Badouvas solle den Kampf aufgeben, er bekomme einen Posten in der Verwaltung der Insel und werde entschädigt. Badouvas lehnte ab und meinte, wer am Ende den Krieg gewinne, sei für ihn noch nicht klar. Er wisse jedoch, „daß die barbarischen Handlungen, die die Deutschen begangen hatten und noch immer begingen, kein Beispiel in der Geschichte hätten und einer solchen großartigen Armee wie der deutschen nicht zu Ehren gereichten“. Man ging ohne Ergebnis auseinander.

Die Aktivitäten von Kretern in Zusammenarbeit mit britischen Offizieren der Sondereinheit *Special Operations Executive* (SOE) konzentrierten sich zunächst - neben einzelnen bewaffneten Angriffen - auf die Betreuung und Rückführung britischer Soldaten, die sich durch Flucht in unwegsames Berggelände der Gefangenschaft entzogen hatten. Sie wurden an die rund 400 Kilometer lange zerklüftete Südküste gebracht, die von den Deutschen nicht lückenlos überwacht werden konnte, und nachts von U-Booten oder kleinen Motorschiffen aufgenommen und nach Ägypten gebracht. Mobile britische Funkstationen, versteckt in den Bergen, hielten den Kontakt mit Kairo.

Spionage und Sabotage

Bei den deutschen Besatzern dienstverpflichtete kretische Verwaltungs- und Hilfskräfte - Gendarmen, Bauarbeiter, Dolmetscher, Telefontechniker und Fahrer - lieferten den Engländern 1942 Informationen über die Organisation des Nachschubs für Rommels Afrikakorps, der hauptsächlich über Kreta ging. Die nach Kairo gefunkten Details ermöglichten wirkungsvolle britische Luft- und See-Angriffe auf diesen Nachschub auf dem Weg nach Afrika. Bei einer Sabotageaktion zerstörte ein britisch-französisch-kretisches Kommando deutsche Flugzeuge und Treibstoffvorräte. Selbst das kretische Küchenpersonal half mit: Köchinnen versalzten das Essen für die bei ihrem Zwischenstopp auf Kreta zu verpflegenden Soldaten; sie sollten später in der Wüste an Durst leiden. So hatte der kretisch-britische Widerstand, wie Historiker bestätigen, einigen Anteil am Scheitern des deutschen Angriffs auf Ägypten. Ende 1942 war das deutsche Afrikakorps geschlagen.

Von einem spektakulären, wenn auch misslungenen Anschlag im Jahr 1942 berichten kretische Zeitzeugen. Generalfeldmarschall Rommel sollte nach Kreta kommen zu einer militärischen Besprechung mit Offizieren in Timbaki. Ort und Zeit des Treffens hatte ein Amateurspion ausgekundschaftet und nach Kairo funken lassen. Exakt zum Termin der Zusammenkunft kam ein britisches Torpedoflugzeug im Tiefflug vom Meer her und zerstörte mit einem Torpedo das Gebäude, in dem die Offiziere versammelt waren. Mehrere fanden den Tod. Rommel war nicht darunter - der Wagen, der ihn vom Flughafen Heraklion nach Timbaki bringen sollte, war unterwegs mit Motorschaden liegen geblieben.

Wegen der Effizienz der Amateurspione unter den dienstverpflichteten Kretern und wegen der Sabotagaktionen auf Flugplätzen richteten sich die „Wutausbrüche der Eroberer", wie G. E. Harokopos schreibt, wieder „gegen die unbewaffnete Bevölkerung und insbesondere gegen die herausragenden Persönlichkeiten von Heraklion: Ärzte, Rechtsanwälte, Händler, frühere Bürgermeister, Politiker und Grundbesitzer. 62 von ihnen wurden hingerichtet (12 am 3. Juni 1942 (. . .) und 50 am 14. Juni 1942, nach der Sabotageaktion auf den Flughäfen)."

Die Rachsucht der Eroberer war noch gewachsen, weil Widerstandskämpfer in einer koordinierten Aktion eine Reihe von Kollaborateuren hingerichtet hatten, die als gefährliche Verräter galten. Sehr verschiedene Motive veranlassten damals manchen Kreter, sich als offener oder geheimer Mitarbeiter der Besatzungsmacht zur Verfügung zu stellen: Druck und Erpressung, die Aussicht auf Vorteile und Belohnung sowie die Möglichkeit, persönlichen Rivalen oder Feinden Schaden zuzufügen. Andere wollten mithelfen, „Ruhe und Ordnung" auf der Insel zu bewahren, und politisch rechts und nationalistisch eingestellte Männer folgten der Nazi-Propaganda und glaubten, die Niederringung von Kommunismus und Bolschewismus unterstützen zu müssen.

Schon 1942 und Anfang 1943 diskutierten britische Offiziere der SOE den Plan, einen deutschen General zu kidnappen, um so zu signalisieren, dass die Besatzungsmacht die Insel keineswegs beherrscht und um den Widerstandswillen der Kreter zu stärken. Erwogen wurde eine solche Aktion schon für den ersten „Kommandeur der Festung Kreta", General Andrae, ebenso für seinen Nachfolger, den Fallschirmjägergeneral Bräuer. Das britische Oberkommando und nach griechischen Quellen auch Premierminister Winston Churchill sollen jedoch nicht zugestimmt haben, weil sie zu Recht blutige Rache an der Zivilbevölkerung befürchteten.

Churchill ließ sich in der Tat über die Vorgänge auf Kreta informieren. Von barbarischen Repressalien an unschuldigen Kretern schreibt er im dritten Band seiner *Geschichte des Zweiten Weltkriegs*, und, davon ausgehend, regte er später die Bestrafung von „Kriegsverbrechern" durch Gerichte an.

Eskalation auf beiden Seiten

Im Osten Kretas übte eine Division des mit Deutschland verbündeten Italiens, das an der Eroberung der Insel nicht beteiligt war, die Besatzungsherrschaft aus. Hier kam es nicht zu nennenswerten Partisanen-Aktivitäten und daher auch nicht zu Sühnemaßnahmen. Als Italien im September 1943 das Bündnis mit Deutschland kündigte und mit den Alliierten einen Waffenstillstand schloss, versuchte der britische Offizier Patrick Leigh Fermor, später der Kopf der Entführer von General Kreipe, im Auftrag des britischen Oberkommandos die Italiener zu überreden, nunmehr gegen die Deutschen zu kämpfen und den kretischen Widerstand zu unterstützen. Doch die Italiener lehnten ab.

Zur selben Zeit, als die deutschen Besatzer mit der Entwaffnung der italienischen Soldaten und der Übernahme der Kommandogewalt im Osten Kretas voll beansprucht waren, ging Badouvas mit einer größeren Partisanentruppe zum direkten Angriff auf deutsche Truppen über. Durch Waffen- und Materiallieferungen per Fallschirmabwurf gut gerüstet, beschossen die Partisanen im Gebiet Viannos am 12. September 1943 aus dem Hinterhalt eine deutsche Einheit, die das „Bandenunwesen" bekämpfen sollte. Sie töteten zwölf Soldaten, verwundeten fünf und nahmen zwölf gefangen. Die Gefangenen wurden durch die Vermittlung eines Bischofs unversehrt freigelassen, wofür die Deutschen zusagten, vier Dörfer zu verschonen bei den nun angeordneten „schärfsten Gegenmaßnahmen". Zwei

Dörfer in der Nähe des Ortes des Anschlags wurden noch am selben Tag niedergebrannt.

Über die „Gegenmaßnahmen“, die das Gebiet Viannos trafen, heißt es bei Nikos Kazantzakis: „Am 14. 9. sollte eine der größten Katastrophen hereinbrechen, die Kreta während der ganzen Besatzungszeit erlebt hat. Die Deutschen überfielen die Dörfer von Viannos (. . .) Nachdem sie schon vorher auf dem Hinweg jeden getötet hatten, der ihnen begegnete - Männer, Frauen, Kinder - trieben sie in den Dörfern selbst alle Männer zusammen und exekutierten sie in Gruppen.“ Marlen von Xylander schreibt ergänzend: „Sowohl griechische als auch britische Berichte wiesen darüber hinaus auf grausame Vergehen einzelner Wehrmachtsangehöriger hin, die beschuldigt werden, schwangeren Frauen den Bauch aufgeschlitzt und Babys mit dem Seitengewehr aufgespießt zu haben.“ In dem geheimen Tagesbericht des deutschen Kommandeurs über das Unternehmen Viannos ist festgehalten: „440 Banditen tot, 200 Festgenommene, 3 Bandenortschaften zerstört, geringe eigene Verluste.“

Auch in anderen Orten, die mit Partisanentätigkeit in Verbindung gebracht wurden, fanden Erschießungen und Zerstörungen statt, wobei neben regulären Wehrmachtseinheiten auch Feldpolizei und Sonderkommandos beteiligt waren. Das Kommando unter Feldwebel Schuber, zu dem auch einige als kriminell eingestufte Kreter gehörten, ging so brutal vor, dass es selbst der deutschen militärischen Führung zu weit ging und sie Schubert seines Kommandos enthob.

In dem Dorf Selino waren die männlichen Bewohner vor den anrückenden deutschen Truppen in die Berg geflohen. Da die Frauen sich weigerten, das Versteck ihrer Männer zu verraten, sollten sie erschossen werden. Als der deutsche Anführer den

Befehl dazu gab, traf ihn von einer nahen Anhöhe der Meisterschuss eines Widerstandskämpfers, wie Kreter erzählen. Die Rache: Drei Dörfer wurden niedergebrannt, Alte und Kranke in ihren Betten erschossen.

Die Verantwortung für die unverhältnismäßigen und unmenschlichen Repressalien lag bei Generalleutnant Friedrich-Wilhelm Müller, Kommandeur der in Mittelkreta stationierten 22. Infanteriedivision. Weil er sich, da er kretischer Kämpfer nur höchst selten habhaft werden konnte, an wehrlosen Dörfern und deren unbewaffneten Bewohnern grausam rächte, wurde er zum verhasstesten Deutschen auf der Insel: die Kreter bezeichneten ihn als blutrünstig. Auf ihn konzentrierten sich nun erneute britische Überlegungen, einen deutschen General gefangen zu nehmen und nach Ägypten zu entführen.

Drittes Kapitel

Die Entführung von General Kreipe

An einem kalten Dezembermorgen 1943 erhielt der ranghöchste britische Offizier auf Kreta, Oberstleutnant Tom Dunbabin von der SOE-Einheit, in seinem Bergversteck einen Funkspruch vom Hauptquartier in Kairo. Er sollte dringend einen Platz ausfindig machen, wo unter Führung von Major Patrick Leigh Fermor eine vierköpfige Fallschirmspringergruppe heimlich landen könne mit dem Auftrag, General Müller zu entführen. Leigh Fermor hatte sich bei früheren Agenteneinsätzen als einer der fähigsten Offiziere der SOE erwiesen, er sprach Griechisch und Deutsch.

Dunbabin zeigte sich überrascht. Er war nicht konsultiert worden und äußerte seine Bedenken wegen der von ihm befürchteten verheerenden Folgen eines solchen Coups für die Zivilbevölkerung. Er hatte ein funktionierendes Informationsnetz auf der Insel aufgebaut, die Partisanenaktivitäten banden starke deutsche Verbände, das deutsche Afrikakorps war längst geschlagen – welchen militärischen Nutzen sollte also zu diesem Zeitpunkt ein so tollkühnes und höchst gefährliches Unternehmen haben? Der griechische Autor G. E. Harokopos stellte in seinem Buch *Die Entführung von General Kreipe* eine ähnliche Frage: Warum erlaubte Churchill jetzt „die Entführung eines deutschen Generals, jetzt, wo es keine Afrika-Front mehr gab? Würden die Strafaktionen der Deutschen Ende 1943 weniger hart ausfallen als zu Beginn des Jahres?“ Harokopos wusste keine Antwort darauf.

Im Abschlußbericht *(Final Report)* über die SOE-Missionen auf Kreta steht als Begründung für diese Entscheidung knapp: „Das Hauptmotiv war die Hebung der Moral der Kreter durch die Gefangennahme eines Kriegsverbrechers, der kürzlich mit großer Brutalität gehandelt hatte.“ In einer Fußnote heißt es, dass diese Aktion hauptsächlich der Moral des Feindes schaden sollte. Über die zu erwartenden Repressalien ist nichts vermerkt.

Oberstleutnant Dunbabin nahm sich Zeit, mit seinen kretischen Helfern befehlsgemäß einen geeigneten Platz zu finden und ihn für die Landung der Fallschirmspringer zu sichern. Avisiert waren außer Major Leigh Fermor der britische Captain Stanley Moss von der SOE sowie die beiden Kreter George Tirakis und Manolis Paterakis, beide von Anfang an mutig und entschlossen an Kampf, Spionage und Kurierdiensten gegen die Besatzer beteiligt. Sie hatten in Ägypten eine Sonderausbildung erhalten und das Abspringen mit dem Fallschirm geübt.

In der Nacht des 4. Februar 1944 endlich erwarteten auf dem Plateau Omalos im Lasithi-Gebiet Briten und Kreter den Wellington-Bomber mit den Fallschirmspringern. Sie entzündeten Holzscheite und Buschgestrüpp zur Markierung des Absprungplatzes, als sich das Flugzeuggeräusch näherte. Doch die Wolken wurden immer dichter, nur Leigh Fermor konnte abspringen und landete punktgenau. Das Flugzeug flog noch mehrere Runden durch die inzwischen geschlossene, tief reichende Wolkendecke und drehte dann ab. Zwölf weitere nächtliche Versuche, die Fallschirmspringer abzusetzen, scheiterten gleichfalls,

Leigh Fermor in kretischer Tracht

William Stanley Moss

George Tirakis

Emm. Paterakis

meist aus Wettergründen, wegen Beschuss oder verdächtiger Bewegungen deutscher Truppen.

Das Unternehmen verzögerte sich damit um volle zwei Monate. Schließlich entschied das Oberkommando in Karo, dass Captain Moss und die zwei Kreter nachts mit einem Schnellboot zur Südküste Kretas gebracht werden sollen. Sie landeten dort am 4. April.

Wechsel der Generäle

Doch war unerwartet ein Wechsel in der deutschen militärischen Führung eingetreten, der das Unternehmen ernsthaft in Frage stellte: der „blutrünstige“ Generalleutnant Müller war auf ein Kommando außerhalb Kretas versetzt worden, seine Nachfolge hatte Generalmajor Heinrich Kreipe angetreten, der davor eine Division im Feldzug gegen die Sowjetunion geführt hatte. Schon 1941 war ihm das Ritterkreuz des Eisernen Kreuzes verliehen worden.

Im Schlussbericht über die Missionen der SOE auf Kreta heißt es lakonisch über die neue Situation: „Viel von dem Zweck dieser Operation galt nun nicht mehr, da General Kreipe hier ein unbekannter Mann war, der erst vor kurzer Zeit nach Kreta gekommen war und der nicht den berüchtigten Ruf von Müller hatte. Major Leigh Fermor entschied jedoch, die Operation fortzusetzen und Müller durch Kreipe zu ersetzen.“ In Leigh Fermors eigenen Aufzeichnungen über das Unternehmen steht der knappe Satz: „Kairo autorisierte die Fortsetzung der Operation trotz des Wechsels.“

Fast vier Monate lang war dieses Kommandounternehmen vorbereitet worden, mit vielen Widrigkeiten, Verzögerungen und viel Anspannung bei allen Beteiligten – und jetzt, kurz vor dem Ziel, hatte man, so scheint es, auf keinen Fall aufgeben wollen. Das Jagdfieber hatte alle gepackt, und auch die kretischen Kämpfer wollten mit der bisher beispiellosen Entführung eines Generals Rache nehmen für das, was die Deutschen den Kretern angetan hatten. Ihnen war klar, dass die Zivilbevölkerung dafür Opfer werde bringen müssen.

Leigh Fermor zitiert einen alten Kreter, bei dem er während dieser Mission zu Gast war: „Sie werden eines Tages alle Häuser niederbrennen. Na und? Mein Haus wurde von den Türken viermal niedergebrannt, sollen es die Deutschen zum fünften Mal niederbrennen. Und sie töteten mehrere Menschen aus meiner Familie, sie töteten mein Kind. Ich stehe hier aber noch! Wir sind im Krieg, und im Krieg passiert so etwas. Ich sage: Du kannst kein Hochzeitsfest feiern ohne Fleisch. Füll die Gläser, Pappadia."

Ein junges Mitglied der Widerstandsbewegung äußerte Leigh Fermor gegenüber seine Sorge, vor allem Zivilisten würden nach der gelungenen Aktion Opfer von Repressalien sein. Leigh Fermor besänftigte ihn damit, er werde ein Schreiben und Beweise dafür hinterlassen, dass ein britisches Kommando diese Tat ohne Beteiligung von Kretern ausführt hätte. Der britische Rundfunk werde entsprechende Meldungen bringen.

Wochen der Vorbereitung

General Kreipe wohnte bei Knossos in der Villa Ariadne, einem repräsentativen Bau, errichtet von Sir Arthur Evans, dem Entdekker, Ausgräber und Rekonstrukteur des minoischen Palastes von Knossos. Die aus Ägypten gekommene Kerngruppe des Kommandounternehmens - die beiden britischen Offiziere sowie die Kreter Tirakis und Paterakis - nahmen Kontakt auf mit Micky Akoumianakis, Chef-Agent der Widerstandsbewegung im

Raum Heraklion. Akoumianakis hatte ein Haus neben der Villa Ariadne zur Verfügung, von wo aus der General ausgekundschaftet wurde. Die Villa Ariadne war durch Stacheldrahtzäune gesichert und ständig bewacht. Hier war eine Gefangennahme des Generals ohne Gegenwehr nicht zu bewerkstelligen.

Der General fuhr täglich morgens und nach einer Mittagspause nachmittags im Auto mit Fahrer in das neun Kilometer entfernte Stabsquartier in Ano Archanes, von wo er zu verschiedenen Zeiten abends zurückkehrte. Fahrtroute, Fahrtzeiten und Besonderheiten des Wagens vom Typ Opel Kapitän wurden tagelang beobachtet, um die günstigste Gelegenheit für einen Überfall zu ermitteln. Weitere Helfer wurden hinzugezogen. Dabei traf Leigh Fermor eine kritische Auswahl unter jenen Kretern, die sich ihm bei dieser gefahrvollen Aktion anschließen wollten: manchen entschlossenen und hoch motivierten, ihm aber nicht besonnen und zuverlässig genug erscheinenden Mann lehnte er ab.

Captain Stanley Moss hat in seinem Buch *Ill Met By Moonlight* das Kommandounternehmen detailliert beschrieben, wobei er Abenteuerliches und Merkwürdiges zuweilen stärker betont als die tödlichen Risiken der Mission. Leigh Fermor hat sich laut Moss mitunter mutwillig in Gefahr begeben, etwa als er in der Tracht eines kretischen Bauern mit Dorfbewohnern und drei deutschen Feldwebeln feuchtfröhlich „deutsche Ostern" feierte. Leigh Fermor selbst notierte über diese Deutschen: „Wir tanzten zusammen und sie umarmten mich angetrunken, als ich fort musste. Sie waren recht nett!"

Das griechisch-orthodoxe Ostern am 16. April war Anlass eines großen Festes. Gegrilltes Lamm, buntgefärbte Eier, größere Mengen Wein und lautes Singen gehörten dazu. Einige Männer benutzten, als sie nicht mehr ganz nüchtern waren, übrig

Plakat für den 1957 entstandenen Spielfilm *Ill Met by Moonlight*, der die Entführung General Kreipes mit vielen Abweichungen von dem zugrunde liegenden gleichnamigen Buch von Stanley Moss darstellt.

gebliebene Eier als Ziele für Schießübungen. Die beiden britischen Offiziere beendeten das Fest mit einer Flasche Whisky. Sie stellten fest, sie hätten einen „richtig glücklichen Tag" verbracht, und Moss gestand, die Schüsse hätten eigentlich die Deutschen im Umkreis von mehreren Meilen wecken müssen. Aber alle konnten ihren Rausch ungestört ausschlafen.

Nach weiteren Erkundungen und Beratungen beschloss die Gruppe, den Wagen des Generals abends an der Kurve abzufangen, wo die Straße von Ano Archanes in die Hauptstraße nach Heraklion mündet. An dieser Stelle musste der Fahrer das Tempo drosseln. Micky Akoumianakis hatte durch seine Verbindungen zu einer im Dienste der Deutschen stehende Schneiderei für Leigh Fermor und Moss deutsche Soldatenuniformen besorgt, dazu eine rote Signallampe und eine Kelle, womit der Wagen des Generals zwecks vorgetäuschter Kontrolle zum Halten gebracht werden sollte.

Stanley Moss (links) und Patrick Leigh Fermor in den deutschen Soldatenuniformen, in denen sie bei einer vorgetäuschten nächtlichen Verkehrskontrolle den Wagen General Kreipes anhielten und den Divisionskommandeur mit Hilfe kretischer Partisanen gefangen nahmen.

Die Uniformen passten exakt, hatten allerdings keine Rangabzeichen. Die beiden Briten ließen sich auf die linken Ärmel Winkel nähen, die sie als Gefreite kennzeichneten. Irrtümlich meinten sie, damit seien sie Korporale (Unteroffiziere) und könnten so dem General gegenüber als deutsche Militärstreife glaubhafter auftreten. Bedrohlich wurde es, als bei der Anprobe der Uniformen auf dem Dachboden eines Bauernhauses an die Haustür geklopft wurde und deutsche Soldaten ins Haus kamen. Die Briten glaubten sich verraten und griffen zur Maschinenpistole. Der Bauer sprach mit den Soldaten, ohne dass die Männer unterm Dach verstehen konnten, worüber geredet wurde. Bald jedoch zogen die Soldaten ab – sie hatten nach frischen Lebensmitteln gefragt, die sie kaufen wollten, aber nicht bekamen.

Zur Absicherung im Falle von Widerstand oder des Auftauchens deutscher Militärfahrzeuge während des Überfalls war ein bunter Haufen Partisanen unter Kapetan Bourdzalis eiligst herbeibeordert worden. Sie hatten ihre Waffen vor den Deutschen im Schornstein oder in Erdlöchern versteckt gehabt und nun hervorgeholt. Für den 24. April war der Coup vorgesehen, doch der General fuhr - ganz gegen seine bisherigen Gewohnheiten - sehr früh am Abend und noch bei Tageslicht zurück zur Villa Ariadne.

Hatte Kreipe in seinem Tagesablauf umdisponiert? Wollte er die Dunkelheit meiden? Die Partisanentruppe konnte bei dem jetzt notwendig gewordenen längeren Aufenthalt tagsüber Verdacht erregen. Leigh Fermor hatte Mühe, Bourdzalis davon zu überzeugen, dass er mit seinen Leuten abziehen müsse, weil ihre weitere Anwesenheit das ganze Unternehmen gefährden könnte. Die beiden Briten wollten mit zehn kretischen Gefährten ihres Vertrauens den General allein in ihre Hand zu bringen versuchen.

Am 26. April abends waren wieder alle auf ihrem Posten, zumeist versteckt im Straßengraben. Es wurde dunkel. Mehrere Militärautos kamen vorbei. Endlich dann, nach 21 Uhr, gab der Beobachter auf einer Anhöhe in der Nähe über eine extra dafür gelegte Leitung das Klingelzeichen - der erwartete Wagen näherte sich. Der General hatte an diesem Abend, wie er später gestand, mit seinen Offizieren länger Skat gespielt.

Der Überfall

Der Wagen drosselte die Geschwindigkeit an der Einmündung der Nebenstraße in die Hauptstraße. Dort standen Leigh Fermor und Moss in ihren deutschen Uniformen mitten auf der Straße und schwenkten die rote Signallampe. Der General ließ anhalten, da er an eine der üblichen Verkehrskontrollen glaubte. Die beiden Briten traten an die Seiten des Autos. Leigh Fermor fragte: „Ist dies der Generalswagen?“ Und Kreipe antwortete unwillig: „Ja, ja.“

„Dann ging alles sehr schnell“, berichtet Moss, „alle stürmten heran. Wir rissen die Autotüren auf und leuchteten in das Innere des Wagens, wir sahen das bestürzte Gesicht des Generals, die entsetzten Augen des Fahrers und die leeren Rücksitze. Mit der rechten Hand wollte der Fahrer zu seiner Waffe greifen, so schlug ich ihm mit meiner Pistole über den Kopf. Er fiel zusammen, George hievte ihn aus dem Fahrersitz und legte ihn auf den Boden. Ich setzte mich hinter das Steuerrad, während Paddy (Leigh Fermor) und Manoli den General aus dem Wagen zerrten. Der alte Mann wehrte sich wütend, er schlug mit Armen und Beinen um sich. Augenscheinlich fürchtete er getötet zu werden und schrie mit hoher Stimme alle Flüche der Welt.“

Der General wurde auf den Boden zwischen die Vorder- und Rücksitze des Wagens gezwängt. George und Manoli, die beiden engsten Gefolgsleute der Briten, und ein dritter Kreter, Stratis, stiegen hinzu. Einer hielt dem General das später vielzitierte Messer an die Kehle. Leigh Fermor setzte sich mit der Mütze des Generals auf dem Kopf vorne neben Moss. Der Motor lief noch, die Handbremse war angezogen, die Benzinuhr des „schönen brandneuen Opels“ zeigte einen vollen Tank an. „Everything was perfect“, stellte Moss fest.

Als losgefahren werden sollte, „begann plötzlich jeder jeden zu küssen und ihm zu gratulieren, und Micky, der Paddy und mich umarmt hatte, beschimpfte danach den General mit allem Hass auf die Deutschen, der sich in ihm angestaut hatte. Wir mussten ihn zurückhalten und zum Schweigen bringen“, schreibt Moss.

Der Wagen fuhr in Richtung Heraklion. Der Rest der Gruppe mit dem verletzten Fahrer, einem Unteroffizier, blieb zurück und winkte dem Wagen nach. Diese Männer sollten Richtung Idagebirge zu einem vereinbarten Treffpunkt marschieren.

Die Entführer mit ihrem Gefangenen in der Mitte. Vorne von links nach rechts: Chnarakis, Komis, Papaleonidas. In der Mitte: Moss, Kreipe, Leigh Fermor, Paterakis. Hinten: Tirakis, Saviolakis.

Nachtfahrt durch Heraklion

Leigh Fermors Planung sah vor, auf der einzigen Straße über Heraklion an der Nordküste in Richtung Rethimnon zu fahren, an einem bestimmten Punkt am Meer den Wagen stehen zu lassen und mit dem General durch die Berge nach Süden aufzubrechen. Doch um dorthin zu gelangen, musste der Wagen mit dem gefesselten General allerdings durch das von einem starken deutschen Truppenverband besetzte und vielfach bewachte Heraklion fahren, musste gleichsam die Höhle des Löwen durchqueren.

Schon nach kaum einer Minute Fahrt auf der Straße nach Heraklion kamen ihnen deutsche Soldaten auf Lastwagen entgegen und fuhren vorbei. Die beiden Briten dankten ihrem guten Stern, dass die Soldaten nicht zwei Minuten früher abgefahren waren. Die drei Kreter, die bisher vor Freude über den gelungenen Coup laut durcheinander geredet hatten, schwiegen jetzt nachdenklich.

Leigh Fermor erklärte dem General, dass sie beide britische Offiziere seien und ihn als Kriegsgefangenen ehrenhaft behandeln würden. Kreipe zeigte sich erleichtert, beklagte aber, dass sein um den Hals getragenes Ritterkreuz verloren gegangen sei und dass ihm seine Mütze vorenthalten werde. Alles werde sich regeln, bedeutete ihm Leigh Fermor, und der General bedankte sich. Ein sachliches, fast kooperatives Verhältnis zwischen Entführern und Entführtem bahnte sich an.

Kurz darauf, noch im Außenbereich von Heraklion, blinkte die rote Signallampe des ersten Kontrollpostens. Der Wachhabende stand mitten auf der Straße. Moss verlangsamte das Tempo, der Soldat ging zur Seite und erwartete das Anhalten des Wagens. Moss fuhr sehr langsam, so dass die Generalsstander auf den Kotflügeln trotz der schwachen Beleuchtung für den Posten erkennbar sein mussten. Dann beschleunigte Moss sofort wieder das Tempo und brauste davon.

Hat der Wachtposten Verdacht geschöpft? Würde er auf sie schießen? Nichts geschah. Würde er telefonisch den nächsten Kontrollposten warnen? Doch auch den zweiten Posten passierten sie mit derselben Methode, ebenso funktionierte der „magische Trick", den Blick der Wachen auf die Generalsstander zu lenken, auch bei weiteren Kontrollposten. Die Wachsoldaten salutierten militärisch, einige präsentierten das Gewehr, worauf Leigh Fermor lässig mit der Hand an der Mütze des Generals auf seinem Kopf zurückgrüßte.

In Heraklion wimmelte es auf der Hauptstraße von deutschen Soldaten, die aus einer Filmvorstellung kamen. Hupend verschaffte sich Moss freie Bahn. Die Soldaten traten respektvoll zur Seite und spähten neugierig nach den Männer im Auto, von denen sie in der abgedunkelten Stadt freilich nur wenig erkennen konnten. Kreipe verhielt sich ruhig, ihm war klar, dass er Hilferufe angesichts des Messers an seiner Kehle nicht überlebt hätte.

Kritisch wurde es mehrmals an Straßensperren, aber selbst hier funktionierte der „magische Trick": die Wachen gaben den Weg ohne Rückfragen frei. An der besonders gesicherten Ausfahrt aus Heraklion durch das Westtor erwarteten ein Posten und bewaffnete Soldaten das Fahrzeug. Moss näherte sich ihnen im Schneckentempo. Weiter heißt es in seinem Buch: „George, Manoli und Stratis hielten ihre Waffen in Bereitschaft und drückten sich so tief wie möglich auf die Rücksitze. Der General war auf den Boden unter ihnen gezwängt. Paddy (Leigh Fermor) und ich entsicherten unsere Pistolen und legten sie in den Schoß. Der Posten näherte sich dem Auto an Paddys Seite. Ehe er zu nah herankam, erklärte Paddy mit markiger Stimme ‚Generalswagen', was ja trotz allem der Wahrheit entsprach, und ohne auf das nächste Wort des Postens zu warten, fuhr ich an und rief ‚Gute Nacht', ehe wir verschwanden. Die Soldaten salutierten."

Wie der Schuster Vogt einst mit einer beim Trödler erstandenen alten Uniform als Hauptmann von Köpenick Soldaten und Beamte dazu brachte, ihm den Offizier zu glauben und ihm zu gehorchen, so veranlassten bei dieser Entführung die wie Fetische wirkenden Äußerlichkeiten - Generalsstander, deutsche Uniformen, Generalsmütze - Soldaten zu gläubigem Respekt vor dem Rang und der Autorität eines Generals, den sie gar nicht zu Gesicht bekommen hatten.

Insgesamt einundzwanzig Kontrollposten gaben ohne jede Überprüfung der Insassen dem Wagen die Straße zur Weiterfahrt frei, obwohl der Divisionsbefehl Nummer 46, am 4. November 1942 erlassen, die Anweisung enthielt: „Bei Kontrollen nicht in den Kraftwagen hineinsehen, Kraftfahrer aussteigen lassen." Und ahnungsvoll heißt es weiter: „Auch ein Engländer kann deutsche Offiziersuniform tragen."

Marsch in die Berge

Der Wagen fuhr, ohne anderen Autos zu begegnen, auf der Straße nach Rethimnon bis zu einer Stelle am Meer bei den Dörfern Cheliana und Sissis, wo er stehengelassen wurde. Ausgewählt worden war dieser Platz, weil dort einmal ein britisches U-Boot aufgetaucht war, wie die Deutschen wussten. Leigh Fermor ließ im Wagen außer Bekleidungsstücken britischer Offiziere ein Schreiben zurück, das besagte, General Kreipe sei von einem britischen Kommandounternehmen unter Mithilfe regulärer griechischer Militärangehöriger gefangen genommen worden und sei auf dem Weg nach Ägypten. Dass Kreter an der Aktion nicht beteiligt waren, sollte der Brief die Deutschen glauben machen. Übermütig fügte Leigh Fermor den Satz an: „Wir bedauern, dass wir diese schöne Limousine an dieser Stelle zurücklassen mussten." Der Opel Kapitän galt mit seiner an amerikanischen Vorbildern orientierten Form damals als höchst modern.

Moss, Manoli und Stratis waren mit dem General schon vorher ausgestiegen und nun zu Fuß auf dem Weg nach Anogia, das größte Dorf Kretas und Zentrum des Widerstands. Beschwerlich und langsam ging der Marsch im Dunkeln auf steinigen, unebenen Pfaden voran. Kreipe klagte über Schmerzen im Bein, hielt aber wacker mit. Leigh Fermor und George Tirakis folgten ihnen nach zu dem Treffpunkt in einer Höhle bei Anogia. Dorfbewohner versorgten sie mit Essen, Wein und Raki.

Die beiden Briten stellten erleichtert fest, dass Kreipe sich als General alter Schule und nicht als „wilder Nazi“ erwies. Er entsprach auch nicht dem für Angelsachsen durch den Schauspieler Erich von Stroheim in Filmrollen vorgegebenen Klischee eines deutschen Offiziers: weder hatte er Mensurnarben im Gesicht noch trug er ein Monokel. Dafür fand Moss an ihm „übliche Merkmale eines Teutonen: dünne Lippen, Stiernakken, blaue Augen“. Kreipe bat die beiden Briten inständig, ihn nicht mit den kretischen Begleitern allein zu lassen - er fürchtete, dass sie ihn umbringen könnten als Rache für die Morde und die Greueltaten der deutschen Wehrmacht an kretischen Zivilisten. Die ständige Anwesenheit von einem der beiden britischen Offiziere wurde ihm zugesagt.

Kreipe erzählte ihnen von seinem Werdegang: geboren als dreizehntes von fünfzehn Kindern einer Pastorenfamilie im Hannoverschen, nach dem Abitur am humanistischen Gymnasium Soldat im Ersten Weltkrieg, als Leutnant vor Verdun mit dem Eisernen Kreuz Erster Klasse ausgezeichnet, nach dem Krieg Fortsetzung der militärischen Karriere als Berufsoffizier. Er ärgerte sich, dass seine für diese Tage angekündigte Beförderung zum Generalleutnant ihn nun nicht erreichen würde. Da der General kein Englisch und Moss kein Deutsch sprach, kamen die beiden Briten mit ihm überein, untereinander Französisch zu sprechen, das alle drei leidlich beherrschten.

In der Höhle erhielten sie Nachricht, dass deutsche Soldaten um Anogia herum ausgeschwärmt seien auf der Suche nach ihrem verloren gegangenen General und dass deutsche Flugzeuge eilends in griechischer Sprache gedruckte Flugblätter abgeworfen hatten, in denen harte Repressalien angedroht wurden, falls der General nicht innerhalb von drei Tagen freigelassen werde. Niedrig fliegende kleine Flugzeuge vom Typ Fieseler Storch suchten das Gelände ab. Sie konnten plötzlich über jeder Bergkuppe auftauchen. So beschlossen die Männer, erst nachts mit dem General weiterzuziehen. Ihnen wurde allmählich klar, dass der Versuch gescheitert war, den Deutschen weiszumachen, Kreipe sei per U-Boot unterwegs nach Ägypten.

Leigh Fermor besorgte in Anogia ein Maultier, auf dem der General wegen seiner Fußbeschwerden in der nächsten Nacht reiten durfte. Langsam nur ging es voran, auf schmalen, gewundenen Ziegenpfaden an Berghängen entlang. Bei einem Schäfer konnten sie in dessen Hütte unterkommen. In der Morgendämmerung erinnert Moss der müde auf dem dahintrottenden Maultier sitzende General an Napoleon auf dem Rückzug aus Russland. Und wir, ergänzt er, „passten als ebenso müdes und erschöpftes Fußvolk bestens dazu".

Mehrmals erkundigte sich Kreipe nach dem Verbleib seines Fahrers. Ihm wurde beruhigend erzählt, der sei unterwegs zu einem Treffpunkt am Idagebirge. Tatsächlich aber war der Fahrer bereits tot. Er hatte nach Darstellung seiner Begleiter wegen seiner Kopfverletzung nur sehr langsam gehen können. Als deutsche Patrouillen sich näherten, fürchteten die Kreter, der Fahrer könne den Deutschen in die Hände fallen und das ganze Unternehmen verraten. Da hätten sie ihn mit einem schnellen Messerstich getötet und in einer Schlucht unter Steinen unauffindbar begraben. „Es tat uns leid. Er schien ein netter Kerl zu sein, obwohl er Deutscher war", endete der mündliche Bericht.

„Diese Wendung der Dinge beunruhigte mich tief", schrieb Leigh Fermor später über seine Reaktion, „ich hatte geglaubt, daß die ganze Operation ohne Blutvergießen ablaufen sollte und daß der Fahrer, Unteroffizier Frunze, mit dem Rest der Gruppe Kreta verlassen sollte. Es war für mich eine entsetzliche Nachricht." Nach langem Schweigen sagte Manoli, Leigh

Fermor solle sich nicht zu sehr grämen, er solle daran denken, was Nazi-Deutschland „Kreta, Griechenland, Europa, England" angetan habe. „Wir standen alle auf, und ich sagte den Männern, sie hätten in der einzig möglichen Weisen gehandelt – und so scheint es", beendete Leigh Fermor dieses Kapitel.

Ausweichen nach Westen

Die Gruppe erreichte, geleitet von einer Partisaneneinheit, am 29. April das Versteck in einer Berghöhle am Idagebirge, wo drei weitere britische SOE-Mitarbeiter, als kretische Bauern verkleidet, um ein Funkgerät versammelt waren. Das Ende der Aktion schien nahe, per Funk glaubte man jetzt eine Verabredung mit Kairo treffen zu können, wonach in wenigen Tagen ein britisches Schnellboot an der Südküste den General und seine Entführer erwarten werde.

Generalmajor Kreipe in Kretas Bergen zwei Tage nach seiner Gefangennahme

Doch diese Hoffnung zerschlug sich schnell – das Funkgerät funktionierte nicht. Der Funker nahm es auseinander, schreibt

Moss, „um festzustellen, wo der Fehler lag, und er fand heraus, daß ein sehr wichtiges Teil des Gerätes defekt war und er es nicht reparieren konnte". So blieb nur die Möglichkeit, einen Boten, in Englisch *runner* genannt, zu einer der beiden anderen britischen Funkstation im Osten oder Westen der Insel zu schicken. Zwei Tage würde der Marsch dorthin dauern, zwei Tage der Rückweg, ehe sie erfahren konnten, wann und wo sie abgeholt werden. In einer kalten, feuchten Höhle richteten sie sich für die Nacht ein. Sie durften kein Feuer machen, weil das von draußen hätte bemerkt werden können. Sie unterhielten sich frierend im Dunkeln. Leigh Fermor und der General konnten dank ihrer humanistischen Schulbildung etwas Altgriechisch und rezitierten zur Verwunderung der Kreter abwechselnd Verse von Sophokles im Original. Der General in der Mitte und die beiden Briten daneben mussten unter derselben Decke schlafen. Kreipe hatte vorher mehrere Gläser Raki getrunken, so dass er bald einschlummerte. Kälte und Flöhe gönnten den anderen nur wenig Schlaf.

Die Entführergruppe beim Marsch über eine verschneite Höhe des Ida-Gebirges. Links vorne geht General Kreipe.

Am nächsten Morgen erfuhren sie, deutsche Soldaten seien in großer Zahl im Anmarsch, um das Gebiet zwischen Idagebirge und Südküste abzuriegeln. Die Gruppe beschloss deshalb, sofort über das Idagebirge zu marschieren und zu versuchen, noch vor der Abriegelung die Küste zu erreichen. „Ein schrecklich langer Marsch - zwölf Stunden auf einem Schneckenpfad über die Höhen des Ida", notiert Moss. Wegen der Steigung und der Unebenheit der Pfade konnte der General nicht mehr auf dem Maultier reiten, und zu Fuß tat er sich schwer. George und Manoli unterstellten ihm, er wolle nicht schneller gehen, aber die Briten sprachen ihn nicht darauf an, er hätte den Weitermarsch verweigern können - und die Kreter hätten einen Anlass gehabt, ihn umzubringen und so das ganze Unternehmen abrupt zu beenden. Nach Überschreiten der Schneegrenze wurde das Vorwärtskommen noch beschwerlicher, der Boden war feucht oder eisig, Regen und Nebel behinderten die Männer beim Gehen. In einer verfallenen Schäferhütte machten sie Rast, frierend und hungrig.

Hoch oben im Idagebirge wurde die Gruppe von der größten Partisaneneinheit Kretas, die dort ihr Hauptquartier hatte, in Empfang genommen, bewirtet und weiter geleitet. Nach dem Abstieg kamen sie in die Gegend von Amari. Wieder verbrachten sie den Tag in einer Höhle. Ein Schäfer versorgte sie mit Käse und Brot. „Er fühlte sich geehrt, daß wir seine Hütte ausgewählt und den General hierher gebracht hatten", bemerkt Moss. Mitunter dankten die beiden Briten mit Goldmünzen für Lebensmittel und andere Hilfen, doch wie dieser Schäfer nahmen auch andere Kreter keine Art Belohnung für ihren Anteil am Widerstand gegen die Deutschen an.

Über die Verfassung des Generals heißt es bei Moss unter dem Datum 30. April: „Er hatte heute wenig geschlafen, und der

Abstieg vom Idagebirge hat ihn extrem ermüdet. Ich fragte ihn, was er darüber denke, daß es heute Nacht gleich wieder weiterging. Er zuckte mit den Schultern und antwortete, daß er es körperlich schaffen werde, daß ihn aber psychisch ein post coitum triste-Gefühl bedrücke. Er lächelte, als er das sagte, aber es war ein verzweifeltes Lächeln, das mich eine Art Sympathie für ihn empfinden ließ wegen der Seelenqualen, unter denen er offensichtlich litt."

Ernst und nachdenklich wirken Moss und Kreipe: deutsche Truppen haben den Zugang zum Meer abgeriegelt, der Ausgang der Entführung ist ungewiß.

Eine handschriftlich gekritzelte Nachricht, sie sollten nicht durch die Stellungen der Deutschen nach Süden ziehen, hatte die Gruppe falsch gelesen, sie hatte das „nicht“ übersehen und war an den Dörfern Vrises und Ano Meros vorbei bis Agias Paraskevi gezogen. Dabei waren sie nachts mehrmals, wie sie später hörten, bedenklich nahe an deutschen Posten vorbeimarschiert. Ein Durchbruch zur Küste bei Saktouria konnte nicht mehr wie geplant gelingen. Den General ließen die Entführer nicht wissen, wie nah ihnen deutsche Soldaten mitunter waren. Kreipe musste somit glauben, die deutsche Wehrmacht unternehme wenig, um ihn zu befreien, und er resignierte.

Radio Kairo hatte am 1. Mai gemeldet, „Kreipe wird von der Insel Kreta gebracht“, woraus die Deutschen mit Recht schlossen, dass er sich noch auf der Insel befand und dass eine Truppenverstärkung zwischen Idagebirge und Südküste große Chancen hatte, den Abtransport des Generals über See zu verhindern. Den Kreipe-Entführern blieb nur übrig, nach Westen auszuweichen, um vielleicht von einem entfernteren, nicht so dicht bewachten Küstenstreifen aus per Schiff abgeholt zu werden. So marschierte das Kommando nach drei Tagen Aufenthalt in unbequemen Verstecken auf entlegenen Bergpfaden nachts zurück nach Westen, zunächst zum Dorf Gerakari und von dort weiter nach Patsos. Tage vergingen mit diesem Marsch. Eine Funkverbindung der Gruppe mit Kairo war noch nicht wieder zustande gekommen.

Aufregung verursachte der General, als er eines Nachts vom Maultier fiel, weil das Tier auf steilem Bergpfad gestolpert war. Kreipe hielt sich für schwer verletzt, klagte und schimpfte laut. Nachdem aber alle sich eifrig um ihn bemüht hatten und seine schmerzende Schulter mit einer Armschlinge ruhig gestellt worden war, stieg er wieder auf das Maultier. Die Armschlinge, die von seinen Leiden sichtbar zeugte, trug er noch bei seiner Ankunft in Kairo.

Kreipe ist im bergigen Gelände ausgerutscht und hat sich ein Bein leicht verletzt. Moss und Leigh Fermor helfen ihm.

Beim Nachtmarsch in Richtung Vilandredo passierte die Gruppe ein Dorf, nur in einem einzigen Haus an seinem Ende waren Fenster erleuchtet. Drinnen bewegten sich geschäftig mehrere Männer. „Grigori ging hinein, um festzustellen, was in dem Haus vorging", schreibt Moss, „bald kam er zurück und sagte uns, dies Gebäude sei die lokale Raki-Brennerei. Die meisten Männer des Dorfes, sagte er, seien hier versammelt, und die Mitglieder unserer Gruppe, die aus der Gegen stammen und hier bekannt sind, sollten reinkommen."

Einige gingen hinein und tranken mit. Moss beobachtete durch das Fenster, wie die Männer aus dem blubbernden Kessel den warmen Raki schöpften, ihn kühlten und dann mit kurzen Trinksprüchen unter dem Beifall der anderen schlürften. Alle waren leicht angetrunken, stellte Moss fest; es wurde viel geredet, und manche sangen. Etwas vom Wesen der Kreter habe er beim Blick auf diese Männer erkannt, meinte er. Auch ihm wurde eine Dose voll Raki herausgebracht, den er als „warm, trügerisch milde und köstlich" beschrieb.

Als sie einen ganzen Tag und eine Nacht nichts zu essen und zu trinken bekamen, aßen die Männer Beeren und Löwenzahnblätter. Anderntags brachte ihnen ein alter Bauer getrocknete Kirschen und Joghurt, dazu eine Flasche Wein, „den besten, den ich bis dahin je auf Kreta getrunken habe", schwärmt Moss. Einmal erhielten sie von einem uralten Schäfer und seiner zu ihm so gar nicht passenden blutjungen Frau Speise und Trank. Die beiden kamen aus zwei lange verfeindete Familien; durch ihre ungewöhnliche Heirat, so erzählten sie, sei eine über achtzig Jahre dauernde Blutrachefehde beendet worden, die sieben Menschen das Leben gekostet hatte.

Ein verwegen aussehender Kreter bekannte laut Moss, dass er wegen zahlreicher Morde seit langem gesucht werde und ein Preis auf seinen Kopf ausgesetzt sei, zwei Schafdiebe mit „verschlagenem Gesichtsausdruck" begleiteten ihn - Ehrensache für alle drei, den Kreipe-Entführern gegen die verhassten Deutschen zu helfen! Katzengleich bewegten sie sich im bergigen Gelände und fanden auf Anhieb die besten und kürzesten Pfade zum Weiterkommen. Nach anfänglichen Skrupeln der Briten, sich mit Kriminellen einzulassen, leisteten diese Männer der Gruppe als wegweisende Begleiter nützliche Dienste.

Fremd kam sich General Kreipe bei einem gemeinsamen Mahl mit einer Partisanentruppe vor, bemerkte Leigh Fermor: Die Männer von Kapetan Michali bekreuzigten sich mehrmals, ehe sie aßen, und beim Anstoßen mit ihren Gläsern brachten sie „die traditionellen Trinksprüche der Widerstandsbewegung aus: Sieg!, Freiheit!, Heilige Jungfrau, steh uns bei!, Möge sie den Rost von unseren Gewehren putzen!, Mögen wir ohne Schande sterben!. Michali und seine Leute gaben sich bedenklich höflich, aber es fiel ihnen schwer, nicht dauernd auf unsere seltsame Beute zu blicken."

Wieder Funkverbindung mit Kairo

Der anfänglich vorgesehene Termin für die Abholung per Schiff, die Nacht vom 3. zum 4. Mai bei dem Dorf Saktouria, war durch den Ausfall des Funkgerätes am Idagebirge und das Anrücken deutscher Truppenverstärkungen nicht mehr zu halten. Nach Tagen des Wartens war schließlich am 6. Mai über eine entferntere britische Funkstation der drahtlose Kontakt mit Kairo wieder hergestellt. Für die Nacht vom 11. zum 12. Mai, so wurde nun vereinbart, sollte ein kleines Kriegsschiff bei Preveli ein Kampfkommando an Land setzen, das sich notfalls den Weg zu der Gruppe freikämpfen und sie an Bord holen sollte. Doch Abwehrfeuer der Deutschen machte die Landung unmöglich, das Schiff musste abdrehen, vermerkt der Schlussbericht über die SOE-Missionen auf Kreta.

„Die Gruppe setzte ihren Weg nach Westen fort", heißt es in dem Bericht weiter, „von den Bewohnern jeweils mit soviel Begeisterung begrüßt wie ein königlicher Besuch. Hunderte von Kretern wußten über den Verbleib des Generals ungefähr Bescheid, aber keiner verriet das Geheimnis." Irgendwelche Informationen mussten die Deutschen jedoch erhalten haben, denn das Dorf Vilandredo, an dem die Gruppe vorbeigekommen war, wurde Haus für Haus durchsucht. Ein Bote von dort hatte einige Mühe, durch die deutschen Linien zu den in den Bergen versteckten Männern zu gelangen und sie zu warnen. Sie blieben in der Höhle.

Am späten Abend des 14. Mai wurden sie von einem britischen Offizier geweckt, der direkt von einer Funkstation gekommen war und ihnen mitteilte, dass ein Motorschiff sie schon in der nächsten Nacht an der Küste bei Rodakino abholen werde. Dort gibt es in den bis zum Meer reichenden Bergen versteckte Buchten. Deutsche Wachen waren in Abständen von bis zu 20 Kilometern postiert, dazwischen sollte die Abholung vonstatten gehen.

Eile war geboten, denn etwa zwölf Stunden Marsch zum Meer waren zu veranschlagen. Die Dunkelheit der Nacht musste genutzt werden, deswegen brach man in Gruppen sofort auf. Ein Treffpunkt auf einem Felsen wurde verabredet, von dem die Küste zu überblicken war. Die Männer um Moss, angeführt von den Schafdieben, erreichten im Eilmarsch nach acht Stunden den Treffpunkt, die anderen mit Leigh Fermor und dem General trafen nach dreizehn Stunden ein. Moss sah Leigh Fermor an, dass dieser Schmerzen hatte, denn er ging steif und mit schweren Schritten. Es handele sich wohl um Krämpfe oder um einen Rheumaanfall, meinte Leigh Fermor und ließ sich fortan nichts mehr anmerken.

Verborgen hinter Felsen, entdeckten die zwölf Männer durch Ferngläser unten am Strand eine Stellung mit deutschen Wachsoldaten, die sich nicht in Alarmbereitschaft befanden, sondern sich gelangweilt sonnten. Nach Einbruch der Dunkelheit kletterten die Männer hinab zu einem Punkt an der Küste, der weit ab von deutschen Posten lag und wo sie ein britisches Kriegsschiff erwartete.

Landung in Ägypten

Leigh Fermor und Moss sollten mit einer Lampe nach einem vereinbarten Code Lichtsignale als Erkennungszeichen zu dem in Nebel und Dunkelheit liegenden Schiff blinken. Doch die beiden kannten sich in der Morsetechnik nicht ausreichend aus und gaben in ihrer Nervosität, jetzt kurz vor der erhofften Rettung, falsche Signale. Auf dem Schiff glaubte man, Deutsche vor sich zu haben und war im Begriff abzudrehen, als ein anderer britischer Offizier herbeieilte und die richtigen Lichtzeichen gab. Dingis glitten lautlos an Land, schwer bewaffnete britische Soldaten sprangen zur Absicherung heraus, doch die Einschiffung mitsamt dem General verlief ungestört.

Gegen Mitternacht des 15. Mai, 18 Tage nach der Entführung, lief das Kriegsschiff in den ägyptischen Hafen Marsa Matruk ein, wo Kreipe seinem Rang entsprechend von einem britischen Brigadegeneral empfangen wurde mit militärischem Gruß, den der Deutsche stramm erwiderte. Der englische General sprach exzellent Deutsch; beide Generäle hatten danach fast kameradschaftlich viel zu besprechen - über die Entführung, über den Ersten Weltkrieg und den gegenwärtigen Krieg. Kreipe erklärte, was Leigh Fermor und Moss gerne hörten, er sei mit „Ritterlichkeit und Höflichkeit" behandelt worden. Er hob hervor, dass er bei den manchmal kargen, manchmal üppigen Mahlzeiten stets zuerst das Essen gereicht bekommen habe.

General Kreipe verabschiedet sich von Major Leigh Fermor auf dem Flughafen Kairo. Er trägt seinen Verband wegen der Schulterverletzung, die er sich beim Sturz von einem Maultier zugezogen hatte. Links der britische General Benfield.

Die Briten urteilten über Kreipe ebenfalls wohlwollend, wie dem Schlussbericht über die SOE-Missionen auf Kreta zu entnehmen ist: „Nach dem ersten Schock der Gefangennahme akzeptierte der General die Tatsache, dass er britischer Kriegsgefangener war und gab sein Wort, dass er nicht versuchen werde zu fliehen; er ertrug tapfer die Härte des Marsches über die Berge und die unwirtlichen Lebensbedingungen." Zum Abschied überreichten die beiden britischen Offiziere Kreipe als Erinnerungsgabe getrocknetes griechisches Brot (Paximada) und eine Flasche Raki, die der General mitnahm, als er zu Bett ging.

Kreipe kam über England in ein Kriegsgefangenenlager nach Kanada, von wo er 1947 nach Deutschland entlassen wurde. Wahrscheinlich hat ihm seine Entführung das Leben gerettet: bei weiterer Ausübung seines Kommandos auf Kreta wäre er wohl in Anbetracht zunehmender Partisanenangriffe auf höheren Befehl ebenfalls gezwungen gewesen, mörderische Repressalien an Zivilisten anzuordnen. Dafür wurden seine beiden

Die Generäle Friedrich-Wilhelm Müller (links) und Bruno Bräuer, beide zeitweilig „Kommandanten der Festung Kreta", wurden 1946 von einem Sondergericht in Athen wegen Kriegsverbrechen auf Kreta zum Tode verurteilt und hingerichtet.

Generalskameraden auf Kreta, Müller und Bräuer, nach dem Krieg in Athen zum Tode verurteilt und hingerichtet. Kreipe verstarb 1976 im Alter von 81 Jahren.

Viertes Kapitel

Reaktionen der Besatzungsmacht

Der Text der am Tag nach der Entführung Kreipes von deutschen Flugzeugen im Distrikt Heraklion abgeworfenen Flugblättern lautet in deutscher Übersetzung: „In der Nacht vom 26. zum 27. April ist der deutsche General Kreipe von Banditen entführt worden. Sein Verbleib kann der Bevölkerung nicht unbekannt sein. Wenn der General nicht innerhalb von drei Tagen freigelassen wird, werden alle Rebellendörfer im Gebiet von Heraklion gesprengt und dem Erdboden gleich gemacht. Die härtesten Vergeltungsmaßnahmen werden die Zivilbevölkerung treffen."

Zunächst aber und noch längere Zeit nach Ablauf dieser Frist blieben die Kreter von den angekündigten ernsten Strafmaßnahmen verschont. Soldaten schwärmten in großer Zahl aus auf der Suche nach ihrem verschwundenen Kommandeur, Fieseler-Storch-Flugzeuge suchten von der Luft aus nach ihm; die Militärführung konnte sich vorerst durchaus Hoffnungen machen, Kreipe auf diese Weise ausfindig zu machen und zu befreien. Am 2. Mai warfen Flugzeuge erneut Flugblätter ab, die differenzierter argumentierten: Schuld an dieser Aktion seien „Kommunisten" und von den Briten gekaufte „Söldlinge". Diese Elemente und nicht mehr die Zivilbevölkerung insgesamt würden „rücksichtslos verfolgt und vernichtet", wenn der General nicht freigelassen werde.

Ein griechischer General, Vertreter der Exilregierung, versuchte das britische Oberkommando zu veranlassen, im Radio und in Zeitungen diese Entführung als eine Art Fahnenflucht darzustellen - Kreipe sei freiwillig zu den Briten übergelaufen. Damit würden „eventuell die Strafmaßnahmen weniger hart ausfallen", dachte der General. Gerüchte mit dieser Version wurden verbreitet, aber sie wurden nicht offizielle Lesart. Ein anderes Gerücht besagte, diese Entführung, die ja einen tieferen militärischen Sinn haben musste, habe die Besatzungsmacht von der unmittelbar bevorstehenden Landung alliierter Truppen auf Kreta ablenken sollen. Die aber war nie ernsthaft geplant.

Strafaktionen gegen kretische Dörfer wurden vom Militär unabhängig von der Suche nach Kreipe fortgesetzt. Offenbar hatte die Befreiung des Generals nicht absoluten Vorrang, denn längst nicht alle der damals rund 20.000 deutschen Soldaten auf Kreta jagten das Entführungskommando, vielmehr nahmen mehrere Einheiten Anfang Mai Rache an vier Dörfern. Die Kreipe-Entführer hörten in ihrem Versteck Detonationen in der Ferne und sahen schwarzen Rauch aufsteigen; sie fürchteten, Repressalien wegen Kreipes Verschwinden hätten begonnen. Doch dieses Zerstörungswerk galt nicht dem Kreipe-Coup. Die deutsch kontrollierte kretische Zeitung *Paratiritis* druckte am 5. Mai eine „Bekanntmachung", die in deutscher Übersetzung lautet: „Die Dörfer Kamares, Lokhira, Margarikari und Saktouria (. . .) sind zerstört und ausgelöscht worden. Die Männer wurden gefangen genommen, Frauen und Kinder in andere Dörfer verbracht. Diese Dorfbewohner haben monatelang kommunistische Banditen unter Anführung gedungener, käuflicher Individuen Unterkunft und Schutz gewährt. Dabei ist der friedfertige Teil der Bevölkerung ebenso schuldig, denn er hat diese hochverräterischen Umtriebe nicht den Behörden gemeldet."

Weiter werden die Dorfbewohner beschuldigt, sie hätten die „Banditen" beim Transport und Verstecken von „Waffen, Waren und Terroristen" unterstützt, hätten ihnen „Unterkunft und Lebensmittel" zur Verfügung gestellt. Am Ende der „Bekanntmachung" wird in der englischsprachigen Fassung in Anklang an biblische Sprache formuliert: *But our patience is exhausted. The blade of the German sword now strikes the guilty ones, and in future will smite each and every person who is guilty of links with the bandits and their English instigators.*

Diese massive Drohung sollte sicherlich die Kreter abschrekken, weiterhin der Widerstandsbewegung beizustehen, wandte sich aber ebenso und gezielt an potentielle Helfer der Entführer Kreipes, auch wenn die Entführung des Generals nicht erwähnt wird. Die von der „Gegenspionage" ermittelte Unterstützung der Partisanen in diesen Dörfern lag zum Teil schon länger zurück, der Waffenfund in einem dieser Dörfer beispielsweise datierte vom 14. März, der nächtliche Transport von Waffen auf zwanzig Maultieren vom Meer ins Landesinnere hingegen erfolgte erst am 29. April. Die Besatzungsmacht, so ist zu schließen, fand immer wieder Informanten unter der Bevölkerung, und sie ließ sich mitunter Zeit, bis sie zuschlug.

Verstärkter Untergrundkrieg

Der Kleinkrieg der Partisanen und der britischen Mitkämpfer gegen die Besatzungsmacht verstärkte sich nach Kreipes Landung in Ägypten, Repressalien wegen seiner Entführung ordneten die Deutschen indessen noch nicht an. Innerhalb der Widerstandsverbände bildeten sich politische Gruppierungen heraus.

In der EAM (Nationale Befreiungsfront) organisierten sich national und demokratisch gesinnte Widerständler, in der ELAS (Griechisches Volksbefreiungsheer) Linke und Kommunisten. Die Konfrontation zwischen diesen zwei Richtungen erreichte auf Kreta nicht die Härte wie auf dem griechischen Festland, wo sie zu dem blutigen Bürgerkrieg zwischen 1946 und 1949 führte. Auf Kreta hatten beide Gruppierungen immerhin soviel Gewicht, dass sie einzelne, von den britischen SOE-Offizieren geplante Angriffe auf das deutsche Militär verhinderten, weil die zu erwartenden Repressalien sie schreckten.

In der Nacht zum 24. Juli 1944 sprengten gelandete britische Kommandos mit Hilfe von kretischen Kämpfern an verschiedenen Punkten der Küste sieben Treibstofflager, 170.000 Liter Treibstoff gingen in Flammen auf. Harokopos vermutet, dass damit die Aufmerksamkeit der deutschen Führung auf Kreta gerichtet und von bevorstehenden Landungen an anderen Küsten abgelenkt werden sollte.

Captain Stanley Moss war Anfang Juli nach einem Erholungsurlaub zu neuen Taten nach Kreta zurückgekehrt. Er hatte vom britischen Oberkommando einen Auftrag, der bei Ausführung „schreckliche Folgen für die unbewaffnete Bevölkerung“ gehabt hätte: Er sollte zusammen mit schon bei der Entführung von Kreipe bewährten Mitkämpfern nachts deutsche Quartiere in Archanes überfallen und die dort angetroffenen Offiziere töten. Auch dieser Anschlag sollte „zur Irreführung der Deutschen hinsichtlich des Ortes einer weiteren alliierten Landung in Europa“ dienen, nahm Harokopos an. Doch wegen „beunruhigender Truppenverlegungen in der Gegend und zusätzlicher Sicherheitsmaßnahmen“ in Archanes, aber auch wegen der Einsprüche kretischer Partisanenorganisationen wurde dieser Plan nicht ausgeführt.

Moss hatte noch einen weiteren Auftrag: er, der auch russisch sprach, sollte sich um die aus Lagern entflohenen sowjetrussischen Kriegsgefangenen kümmern und mithelfen, sie in die Verbände kretischer Kämpfer einzugliedern. Die deutsche Militärführung hatte - aus heutiger Sicht unverständlich - sowjetrussische Kriegsgefangene als Hilfskräfte bei Straßen- und Flugplatzarbeiten nach dem aufrührerischen Kreta verbracht. Zwar konnten die Russen nicht von der Insel fliehen, die Deutschen übersahen aber völlig, wieviel Hass sich bei diesen Männern nach ihren Erfahrungen mit deutscher Wehrmacht und SS in ihrer Heimat angestaut hatte. Schon an der Entführung von Kreipe waren unter der Anleitung von Moss entflohene Russen beteiligt gewesen. Ihre Zahl wuchs, und sie erwiesen sich als entschlossene und fanatische Kämpfer im nunmehr kretisch-britisch-russischen Widerstandverbund. In einigen Fällen haben Russen gefangen genommene deutsche Soldaten, die abtransportiert werden sollten, kurzerhand erschossen.

Stanley Moss zwischen zwei der sowjetrussischen Kriegsgefangenen, die aus ihren Lagern auf Kreta geflohen waren und sich unter Anleitung von Moss dem kretischen Widerstand anschlossen.

Am 7. August kam es zu einer blutigen Vergeltung von Partisanen an deutschen Soldaten. Der als griechenfreundlich geltende Feldwebel Ollenhauer, Chef eines Wachpostens in der Nähe, kam mit acht Soldaten nach Anogia, um Männer für Hilfsarbeiten zu rekrutieren. In dem seit der Türkenzeit für seine rebellischen Bewohner bekannten Dorf fand er jedoch keine Freiwilligen. Als der Trupp mit einigen durch Gewaltandrohung zum Mitkommen gezwungenen Bewohnern abziehen wollte, überfielen ihn Partisanen. Fünf Soldaten fielen bei der Schießerei, Feldwebel Ollenhauer wurde gefangen genommen und nach einem kurzen Standgericht exekutiert. Blinder Hass bestimmte mehr und mehr das Handeln auf beiden Seiten.

Moss überfiel am nächsten Tag, dem 8. August, mit kretischen und russischen Helfern bei Damasta einen deutschen Transport, der unter Bewachung und in Begleitung eines gepanzerten Wagens unterwegs war. Eine nicht genannte Zahl deutscher Soldaten starb. Moss selber setzte den Panzerwagen außer Gefecht, indem er von hinten aufsprang und eine Handgranate in den Turm warf. Die Rache der Deutschen für diesen Überfall kostete vierzig unbeteiligte Bewohner von Damasta das Leben. Insgesamt registrierte die Wehrmacht von Ende Juli bis Mitte August achtzehn Überfälle auf Transporte, Posten und Unterkünfte des Militärs, wie Marlen von Xylander berichtet.

Im Osten und Westen Europas drangen im Sommer 1944 gegnerische Armeen näher an das Deutsche Reich vor, die Kriegslage verschlechterte sich zusehends. Der Außenposten Kreta war kaum noch von militärischem Nutzen, zumal der permanente und mit zunehmenden Verlusten verbundene Untergrundkrieg deutsche Truppen in größerer Zahl band, die andernorts dringend benötigt wurden. Daher begannen Überlegungen, den größten Teil Kretas zu räumen und die meisten Soldaten abzuziehen.

Mörderische Repressalien

Die Kreter erschraken, als der berüchtigte „blutrünstige“ General Müller - angeblich auf Befehl Hitlers - als „Kommandant der Festung Kreta“ im Sommer 1944 zurückkehrte. Trotz des geplanten Rückzugs von der Insel erhielt er den Auftrag, rigoros durchzugreifen und mit den Aufständischen und ihren Helfern abzurechnen sowie Vergeltung zu üben für die Entführung seines Nachfolgers als Kommandeur der 22. Infanteriedivision, General Kreipe - eine solche Blamage vergaß die großdeutsche Wehrmacht nicht und konnte sie von ihrem Selbstverständnis her keinesfalls auf sich beruhen lassen.

Müller gab seiner Truppe Anweisungen für die anlaufenden Vergeltungs- und Vernichtungsmaßnahmen. Durch „scharfes Zupacken“ sollte den Kretern gezeigt werden, dass die Wehrmacht immer noch in der Lage war, ihre Macht auf ganz Kreta durchzusetzen. Und es folgte der Satz, der einen Freibrief ausstellte für willkürliches Morden, nämlich: es kann keine „Zurückhaltung mehr gegenüber nicht schuldigen Männern, Frauen und Kindern geübt“ werden.

Das erste Ziel war Anogia, wo einige Tage vorher Feldwebel Ollenhauer und seine Männer getötet worden waren. Müller befahl, „den Ort dem Erdboden gleich zu machen und alle Männer, die sich in dem Dorf und in einem Umkreis von einem Kilometer aufhalten, zu exekutieren“. In der Aufzählung der Vergehen, deretwegen die Strafaktion erfolgte, wird angeführt, dass „die Entführer des Generals Kreipe durch Anogia gekommen sind und dort Halt gemacht haben“. Die meisten Bewohner des Ortes waren in Erwartung von Repressalien in die Berge geflüchtet. Als 2000 deutsche Soldaten Anogia besetzten, fanden sie nur einige Alte und Kranke vor, die sie umbrachten, nur wenige Männer aus der Umgebung konnten sie töten. Die kleine Stadt wurde durch Sprengung und Brandlegung zerstört und in ein Trümmerfeld verwandelt.

Als wir 1965 mit einem Kamerateam zu Aufnahmen für einen Fernsehfilm in das bescheiden wieder aufgebaute Anogia kamen, bewirteten uns die Bewohner gastfreundlich mit Spiegeleiern in viel bäuerlichem Olivenöl, Brot und Wein. Alle Versuche, mit den älteren Männern unter Einschaltung unserer Dolmetscherin über den Krieg und die Zerstörung ihres Dorfes zu sprechen, möglichst ein Interview zu bekommen, scheiterten. Sie antworteten mit Argumenten, wie sie auf Kreta oft zu hören waren: Es sei Krieg gewesen, im Krieg werde geschossen und getötet, doch das sei ja lange her, und wir stießen abermals mit Wein an: „Jamas!" Eine Folklore-Tanzgruppe in bunter Tracht trat vor der Kamera auf, und alle schauten interessiert den Filmaufnahmen zu. Unser Vorhaben, aus erster Hand mehr über die Kriegsereignisse zu erfahren, mussten wir aufgeben.

Der als „Gegenspionage" firmierende Sektor der Militärverwaltung, der Informationen über gegnerische Aktivitäten sammelte, war für Kreta mit einem Oberst als Chef und mit einem Major als Leiter für das Gebiet Heraklion-Rethymnon hochrangig besetzt und hatte „eine große Anzahl von männlichen und weiblichen Mitarbeitern. Sie beobachteten und erfuhren fast alles", wie es bei G. Harokopos heißt. Sie fanden heraus, welchen Weg Kreipes Entführer nach dem Abstieg vom Idagebirge genommen hatten und welche Dörfer auf diesem Weg lagen.

Die Besatzungstruppen auf Kreta wurden schon im August ausgedünnt, für großräumige Angriffs- und Vernichtungsaktionen auf der ganzen Insel reichte die verbliebene Streitmacht nicht mehr aus. Für ein Unternehmen aber zog General Müller starke Kräfte zusammen: für die Rache an den Dörfern, durch die oder an denen vorbei das Kreipe-Kommando marschiert war: Gerakari, Kardaki, Vrissis, Ano Meros und Kria Vrissi im Gebiet Amari. Die Soldaten drangen in diese Dörfer ein, auf die der Vorwurf „Begünstigung der Entführer" aus Sicht der Besatzer mehr oder weniger zutraf. Die „Gegenspionage" hatte detaillierte Informationen geliefert. Nach diesen Listen wurden in den sechs Dörfern 176 von Harokopos namentlich aufgeführte Personen exekutiert, darunter sechs Frauen. Gerakino zahlte mit 49 getöteten Bewohnern den höchsten Blutzoll.

Eine junge Frau aus Gerakari, Dimitra Angelaki, hat ihre Erlebnisse bei der Vernichtungsaktion aufgeschrieben. Ihr Bericht ist in dem Buch *Die Entführung von General Kreipe* von George Harokopos nachzulesen. Sie schildert zunächst das Eindringen der deutschen Soldaten in das Dorf und fährt fort: „Sie bedrohten uns mit ihren Waffen, und alle Dorfbewohner - Männer, Frauen und Kinder - wurden auf den Dorfplatz getrieben. Sie befahlen uns, uns im Schneidersitz auf den Boden zu setzen und kündigten uns an, dass sie unser Dorf zerstören würden. Der Grund hierfür war, dass, obwohl der entführte General Kreipe durch unser Dorf gekommen war, es ihnen niemand gemeldet hatte. Während dieser Ankündung erschossen sie vor unseren Augen zwei junge Burschen - Emmanouil Jannakoudakis und Efstratios Stratidakis. Mir entfuhr ein Stöhnen. Die Deutschen antworteten nur ‚Warum stöhnst du, wir haben nur zwei Hunde erschossen' (...) Schließlich brachten sie uns alle in das Lager von Kastella in Rethimnon. Nachdem die anderen Einwohner aus dem Dorf fortgeschafft worden waren, richteten sie am selben Nachmittag um vier Uhr die Männer hin. Das erzählte uns Nikolaos Tsortsakis, der auf einen Schornsteinbalken geklettert war und sich so hatte retten können. Die übrigen wurden gefesselt und immer zu fünft im Nachbarhaus hingerichtet. Dann übergossen sie sie mit Benzin und zündeten sie an. Einige, die sich im Gebälk versteckt hatten, verbrannten bei lebendigem Leib. Nach der Hinrichtung der Männer plünderten sie das Dorf noch acht Tage lang, dann legten sie Dynamit aus und sprengten alles in die Luft.

Im Lager von Kastella kam Frau L. F. zu uns und beschwor uns, die Wahrheit zu sagen, denn unsere Bestrafung würde - sagte sie - härter ausfallen, wenn wir die Deutschen belogen. Wir sollten ihnen also erzählen, dass General Kreipe durch unser Dorf gekommen war, und wer ihn begleitet hatte (. . .) Sie brachten uns nach Dasillio. Sie hatten Gruben ausgehoben und der Deutsche, Otto, sagte, wir sollten die Wahrheit sagen - wer also General Kreipe begleitet habe und ob er durch unser Dorf gekommen sei - und er drohte, dass diese hier unsere Gräber wären im Fall, dass wir nicht die Wahrheit sagten. Ich erzählte ihm, er sei nicht durch unser Dorf gekommen. Er sei über den Berg gegangen, wo ihn bestimmte Personen übernommen hätten. Wir seien unschuldig, und unsere Bestrafung sei ungerechtfertigt. ‚Du sagst nicht die Wahrheit', sagte er (. . .)

Zweiundzwanzig Tage später ließen sie uns frei. Da ging ich in mein Dorf, auf jenen Golgatha, zum Haus, in dem sie die jungen Männer getötet hatten. Es war ein furchtbarer Anblick. Ich sah menschliche Köpfe, abgeschnitten und verbrannt. Da sammelte ich Erde und begrub sie."

Am 25. August 1944 veröffentlichte die unter Kontrolle der Besatzungsmacht stehende kretische Zeitung *Paratiris* eine „Bekanntmachung" des „Kommandanten der Festung Kreta", General Müller. Unter Verweis auf die kurz nach Kreipes Entführung verbreiteten Flugblätter lieferte diese „Bekanntmachung" die offizielle Begründung für die Strafaktion im Amari-Gebiet: „Im April 1944 wurde der deutsche General Kreipe von einer englischen Kommandoeinheit mit Unterstützung durch griechische Banditen entführt. Der Kommandant der Festung Kreta bat die gesamte Bevölkerung durch Aufrufe und Ankündigungen, bei der Auffindung der Täter behilflich zu sein. Diese Aufforderungen blieben jedoch ohne Ergebnis. Jetzt wurde uns durch detaillierte Befragungen die genaue Wegroute der Entführungsgruppe mit dem General bekannt.

Es ist offensichtlich, daß die englische Kommandoeinheit nicht nur von griechischen Banditen, sondern auch durch die Bewohner der Dörfer Anogia, Gerakari, Gourgouthi, Vrisses, Ano Meros, Kria Vrissi und Saktouria unterstützt wurde, in deren Nähe er versteckt gehalten wurde, so daß jeder schuldig ist, der hiervon Kenntnis hatte. Diese Dörfer und ihre Bewohner wurden nun mit der damals angedrohten Strafe belegt. Die törichte und ins Unglück mitgerissene Bevölkerung muß sich nun selbst angesichts der Toten, Verwundeten und Trümmer fragen, ob es richtig gewesen ist, den Engländern und den Banditen in ihrem Werk zu folgen und dadurch so schweres Leid zu erfahren."

Meinungen von Historikern

Nach Meinung griechischer, britischer und deutscher Autoren, die sich mit der Generalsentführung befasst haben, kam eine Reihe Motive zusammen für die „Sühnemaßnahmen" im Amari-Gebiet.

Harokopos führt an, diese Dörfer seien stets „Hauptzentren" des Widerstandes gewesen, dort seien britische Soldaten, die der Gefangenschaft entgangen waren, und verfolgte kretische Patrioten versteckt worden, dort seien früh schon geheime Funkanlagen betrieben worden, und dort habe Tom Dunbabin, der britische SOE-Chef für Kreta, einen Stützpunkt gehabt. Die Unterstützung für die Kreipe-Entführer hätte bei den Deutschen gleichsam das Fass zum Überlaufen gebracht, jetzt wäre mit dem Schlag gegen diese Dörfer die Generalabrechnung erfolgt.

Marlen von Xylander, von der ein grundlegendes Buch über die deutsche Besatzung auf Kreta stammt, sieht in den Gewaltmaßnahmen gegen diese Dörfer eine generelle Strafe, weil die Einwohner „nachweislich die Banden in jeder Weise unterstützt" haben. Wenig überzeugen konnte sie der „Rechtfertigungsversuch, daß manche Dörfer - vier Monate zuvor! - an der Entführung General Kreipes Anteil gehabt hätten". Sie behauptet, die „Härte der Vergeltungsmaßnahmen" und die „brutale Machtdemonstration" hätten die Partisanen vor Angriffen auf die deutsche Wehrmacht beim bevorstehenden Rückzug abschrecken sollen. Auf eindeutige Aussagen wie die in dem oben zitierten Text von Dimitra Angelaki und in der „Bekanntmachung" des Kreta-Kommandanten vom 25. August 1944 geht sie nicht ein.

Auch Antony Beevor, angesehener britischer Historiker, spielt den Stellenwert der Kreipe-Entführung für die Amari-Aktion herunter. Er argumentiert mit dem zeitlichen Abstand zu der Entführung: „Das Wesen deutscher Repressalien, die der Bevölkerung eine Lektion erteilen sollten, liegt in der sofortigen Ausführung, eine Verzögerung von fast vier Monaten ist höchst unwahrscheinlich." Beevor bezeichnet die Vernichtung dieser Dörfer vielmehr als „im wesentlichen einen Akt präventiven Terrors kurz bevor die deutschen Streitkräfte sich nach Westen zurückzogen und dabei ihre Flanken dem Zentrum des kretischen Widerstands aussetzten." Dieser Autor negiert ebenfalls Dokumente, die die Kreipe-Entführung als Hauptgrund für diese Strafaktion belegen.

Beevor ist bemüht, seine britischen Landsleute von dem Vorwurf zu entlasten, bei Planung und Durchführung der Entführung des Generals die Folgen für die Zivilbevölkerung zu wenig bedacht zu haben. Dazu verweist er in einer Fußnote auf die Feier zur Verleihung der Ehrenbürgerschaft der Stadt Heraklion an Patrick Leigh Fermor im Jahr 1948, bei der ausdrücklich dessen „Sorge und Weitsicht" hervorgehoben wurden, mit denen er habe vermeiden wollen, den Besatzern „irgendeine Rechtfertigung für Repressalien" zu liefern.

Gewiss hatte Leigh Fermor die deutsche Armeeführung in die Irre zu führen versucht, zunächst mit dem Schreiben in dem zurückgelassenen Generalswagen, das die Deutschen an einen sofortigen Abtransport des Generals per U-Boot glauben lassen sollte. Weiter hatte er angeordnet, frühzeitig mit Flugblättern und im Radio zu verbreiten, Kreipe sei bereits in Ägypten. Solche Flugblätter wurden nicht abgeworfen, angeblich wegen schlechten Flugwetters, und im Radio wurde nicht gemeldet, Kreipe sei bereits in Ägypten, sondern er sei auf dem Weg dorthin. Die ursprüngliche Planung sah außerdem eine schnelle Durchquerung der Insel und Abfahrt nach Ägypten ohne viel Hilfe durch Zivilisten vor, durch die Verzögerungen aber dauerte die Durchquerung 18 Tage und erforderte zahlreiche Kontakte mit der Bevölkerung, die damit als Opfer für Repressalien prädestiniert war.

Alle, denen die Planung für Kreipes Entführung oblag, unterschätzten die Effektivität der deutschen Gegenspionage, die sich nicht in die Irre führen ließ und den Verlauf der Entführung in etwa rekonstruieren konnte. Vor allem aber unterschätzten sie den Furor der Wehrmacht, die dieses einmalige „Husarenstück", wie Kreipe selbst seine Entführung nannte, als schwere Niederlage und tiefe Demütigung empfand, das sie dazu noch der Lächerlichkeit preisgab - eine solche Schmach konnte sie nie und nimmer auf sich sitzen lassen. Ehe noch der Rückzug begann, nahm sie blutige Rache, wobei sicherlich auch andere, ältere Rechnungen beglichen werden sollten.

Die allermeisten Kreter empfanden indessen die gelungene Generalsentführung als einen Triumph und einen Sieg über die bedrückende Fremdherrschaft, gegen die sie, wie Erhard Kästner formulierte, ihren „wilden, fanatischen Freiheitswillen" setzten, wobei sie von alters her Opfer in Kauf nahmen. Wie sehr dieser Coup dem Selbstbewusstsein der Kreter Auftrieb gegeben hat, drückte laut Antony Beevor ein Zeitzeuge in ironischer Zuspitzung so aus: Jedermann habe sich danach „zwei Zentimeter größer gefühlt" und von 450.000 Kretern hätten 449.090 gemeint, an der Kreipe-Operation beteiligt gewesen zu sein. Der Nachruhm der Generalsentführung lebt auf der Insel bis heute fort. Viele Kreter wissen auf dieses Stichwort hin sofort lebhaft davon zu erzählen.

Die Kämpfe zwischen Partisanen und deutschen Truppen dauerten bis in den September 1944. Bei größeren Gefechten starben viele Soldaten, bei den üblichen Vergeltungsschlägen viele Zivilisten. Am 8. September bereits hatte General Müller den Befehl gegeben zur Räumung des Ostteils der Insel und zur „Überführung der 22. Infanteriedivision zum Festland", die sich wegen der alliierten Luft- und Seeüberlegenheit als schwierig und langwierig herausstellte. Die restlichen Verbände sollten sich auf eine „Kernfestung" im Umkreis der Stadt Chania zurückziehen.

General Müller entschwand am 26. September per Flugzeug aus Kreta. Mitglieder des kretischen Widerstands hatten am Tag davor Datum und Zeit des Abflugs ermittelt und in der Nacht einen Funkspruch mit höchster Dringlichkeitsstufe nach Kairo durchgeben lassen mit der Aufforderung, Langstreckenjagdflugzeuge zum Abschuss der Maschine zu entsenden - dieser Mann dürfe nicht heil dem Ort seiner Schandtaten entkommen, meinten sie. Doch der diensthabende Funker im Oberkommando in Kairo habe, wie Antony Beevor erzählt, die höchste Dringlichkeitsstufe ignoriert und die zuständigen Offiziere nicht geweckt.

Die Gefahr, der Rückzug der deutschen Truppen könne durch Angriffe der kampfstarken Partisanen mit britischem Beistand behindert werden, galt als groß. Unversehens jedoch fand sich eine Lösung: In Geheimverhandlungen sagten die Partisanenorganisationen den Deutschen mit Einverständnis der Briten zu, den Rückzug nicht durch Angriffe zu gefährden. Daran hielten sie sich. Damit war fast die ganze Insel sieben Monate vor Kriegsende von der feindlichen Besatzung erlöst, und die Kreter konnten mit den britischen Verbündeten ihren Sieg und ihre Befreiung feiern. Die „Restbesatzung" im Gebiet um Chania hatte bis zur Kapitulation im Mai 1945 nur noch „den Stellenwert von Gefangenen, die sich bewachten", spotteten die Briten.

Fünftes Kapitel

Gerichtsverfahren gegen Wehrmachtsangehörige

Die bei Kriegsende in britische Gefangenschaft geratenen Generäle Waldemar Andrae, Bruno Bräuer und Friedrich-Wilhelm Müller, nacheinander „Kommandanten der Festung Kreta", wurden an Griechenland ausgeliefert und 1946 in Athen wegen Kriegsverbrechen, begangen auf Kreta, vor ein Sondergericht gestellt. Andrae erhielt eine Strafe von viermal lebenslänglicher Haft, doch bereits 1953 ließ man ihn frei. Müller wurde nach einstimmigem Votum der Geschworenen am 9. Dezember 1946 zum Tode verurteilt. Bei Bräuer, den Beevor als den „am wenigsten Schuldigen" bezeichnet, stimmten nur drei der fünf Geschworenen für die Todesstrafe. Die Umwandlung in eine Freiheitsstrafe auf dem Gnadenwege, die bei diesem Stimmenverhältnis aussichtsreich erschien, lehnte der griechische König ab. Die beiden Generäle wurden erst am 20. Mai 1947 hingerichtet, sechs Jahre vorher hatte der deutsche Angriff auf Kreta begonnen. Eine „widerliche Symbolik" sieht Beevor in der Wahl dieses Datums.

Die Briten weigerten sich, den General Karl Student, der als Befehlshaber des Kreta-Luftlandeunternehmens die ersten

Massakerbefehle gegen Zivilisten erlassen hatte, an die Griechen auszuliefern. Sie stellten ihn vor ein Militärgericht und verurteilten ihn 1946 wegen Kriegsverbrechen auf Kreta zu fünf Jahren Haft. Er berief sich auf „Befehle" seines Oberbefehlshabers Göring, der gefordert hatte, den „unmenschlichen Grausamkeiten" und „Greueltaten" der Kreter ein Ende zu setzen: „Sorgen Sie dafür, daß diesen Bestien das Handwerk gelegt wird."

Bereits 1948 ist Student begnadigt und aus der Haft entlassen worden. Nachwirkungen einer Schussverletzung am Kopf sollen mit der Grund dafür gewesen sein. Als „Schöpfer" der deutschen Fallschirmtruppe genoss Student bei Freund und Feind hohes Ansehen. Die Alliierten setzten nach deutschem Vorbild ebenfalls Fallschirmtruppen ein. Aus England war die Meinung zu hören, der Fallschirmjägergeneral Bräuer sei als „Sündenbock" hingerichtet worden für Untaten von Fallschirmjägern, befohlen von General Student, den die Griechen jedoch nicht zur Rechenschaft ziehen durften.

Außer den drei Generälen stellten die Griechen wegen Verbrechen auf Kreta noch einen Deutschen vor Gericht, den sie in Griechenland hatten verhaften können: den berüchtigten Feldgendarmerie-Feldwebel Schubert, Chef eines „Jagdkommandos zur Bandenbekämpfung". Schubert konnten willkürliche Morde, auch an Frauen und Kindern, nachgewiesen werden. „Dieses Kommando betätigte sich in sehr rauher und teilweise unmenschlicher Weise gegen die Zivilbevölkerung" - so gewunden drückte sich ein Zeuge aus; ein anderer nannte Schubert den „größten bestialischen Verbrecher". Schubert ist 1947 zum Tode verurteilt und hingerichtet worden.

Die griechische Justiz lieferte den Justizbehörden der Bundesrepublik mit Strafverfolgungsersuchen detaillierte Unterlagen über Untaten auf Kreta, die sie als Kriegsverbrechen wertete. Rechtsverletzungen in 108 Orten wurden mit Datumsangabe aufgelistet, darunter 42 Orte mit Massenhinrichtungen und Erschießungen sowie 89 Orte, für die gesondert oder zusätzlich einzelne Hinrichtungen und Erschießungen verzeichnet sind.

Die Zahl der während der Besatzungszeit getöteten Kreter wird in den Quellen unterschiedlich angegeben. Nikos Kazantzakis kam in seinem 1945 für die Regierung geschriebenen Bericht zu dem Ergebnis, etwa 3000 Kreter seien ermordet worden. Marlen von Xylander nennt, nach Bürgermeisterberichten aus ganz Kreta, die Zahl von 3474 Kretern, die „exekutiert" wurden. Das Athener Gericht, das 1946 gegen die Generäle Müller und Bräuer verhandelte, bezifferte die Zahl der umgekommenen Kreter auf 9000. George Panayiotakis führt 1993 in seinem Buch *Die Schlacht um Kreta* die Gesamtzahl von 8575 Männern, Frauen und Kindern an, die bei Kampfhandlungen und bei Repressalien getötet wurden.

Um es vorwegzunehmen: kein Wehrmachtsangehöriger wurde von westdeutschen Gerichten wegen Taten auf Kreta verurteilt. In einem Prozess 1951 in Augsburg definierte das Landgericht: unter dem Begriff Partisan würden „alle Zivilpersonen in besetzten Gebieten verstanden, welche der Begehung feindseliger Handlungen gegen Personen und Sachgüter der deutschen Wehrmacht auch nur in etwa verdächtig waren. Diese Auslegung des damals gebrauchten Begriffs ergibt sich aus den Aussagen der sämtlichen damals auf Kreta weilenden Zeugen." Das Gericht bezeichnete es als Akt „völkerrechtlicher Notwehr", wenn „verdächtige Personen, die (...) nicht sofort als harmlos zu erkennen waren, ohne Standgerichtsurteil auf Befehl von Offizieren erschossen wurden". Der Prozess gegen einen wegen der befohlenen Erschießung von sechs Zivilisten angeklagten Hauptmann endete mit Freispruch. Damit war der

Tenor für die weiteren Verfahren vorgegeben: sie steuerten alle mit wechselnden Entlastungsargumenten auf Freispruch hin.

Ulrich Kadelbach zitiert in seinem Buch *Schatten ohne Mann* detailliert aus Akten von Gerichtsverfahren gegen Wehrmachtsangehörige, die 1960 und 1961 wegen Kriegsverbrechen auf Kreta angeklagt waren. Offiziere gaben zu Protokoll, sie könnten sich nach so langer Zeit nicht erinnern, sie hätten Erschießungen nicht „persönlich miterlebt" oder, eine öfter benutzte Ausflucht, sie seien zur Zeit der ihnen vorgeworfenen Tat in Urlaub gewesen. Befehle nicht auszuführen hätte „erhebliche Gefahr (Erschießung)" bedeutet, behauptete ein Angeklagter. Für Kreta ist kein Fall bekannt, dass ein Wehrmachtsangehöriger sich geweigert hätte, Zivilisten zu erschießen oder erschießen zu lassen.

Zu den Repressalien im Amari-Gebiet hat der Oberstaatsanwalt in einem Verfahren in Bremen im November 1961 ausgeführt: „Die Zerstörungen und Erschießungen im August 1944 wurden als ‚Gegenmaßnahmen', ‚Vergeltungseinsätze' und (...) als ‚Sühnemaßnahme' wegen der Partisanentätigkeit auf der Insel, insbesondere wegen der Entführung des Generals Kreipe durch englische Kommandotruppen unter Mitwirkung der griechischen Bevölkerung, durchgeführt."

Für das Dorf Kria Vrissi heißt es in den Akten, dass keine „genauen Feststellungen" über die Schuld von Bewohnern getroffen wurde, „so daß jedenfalls größtenteils Unschuldige oder nicht nachweisbar Schuldige erschossen wurden" wegen des pauschalen Vorwurfs, dass von dem Ort „Partisanentätigkeit ausging und die Entführung des Generals Kreipe u. a. von hier unterstützt wurde". Einige Angeklagte gaben zu, auf Befehl Menschen erschossen zu haben. Einer der Todesschützen legte

Wert auf Richtigstellung: Er habe den Opfern nicht mit der Pistole in den Hinterkopf geschossen, sondern sie mit einer Maschinenpistole erschossen. Andere Opfer wiederum wurden „mit Karabinern aus kurzer Entfernung durch Genickschüsse getötet".

Der Oberstaatsanwalt brachte ein groteskes Entlastungsargument vor: Für fünf dieser Orte hatte der Kommandant „Sühneerschießungen" von je 30 Einwohnern befohlen. „Insgesamt wurden 139 Griechen erschossen, der Befehl wurde daher nicht überschritten." Das grenzte, lässt sich daraus schließen, fast an Befehlsverweigerung: Statt, wie angeordnet, 150 Menschen zu erschießen, beließ man es bei nur 139!

Der Oberstaatsanwalt fasste zusammen: „Von einem offensichtlich verbrecherischen Charakter des Befehls kann bei einer Gesamtwertung der Vorgänge im Lichte des Völkerrechts dann keine Rede sein, wenn man die Aktion nicht isoliert betrachtet, sondern die grausamen völkerrechtswidrigen Partisanenübergriffe, die sie ausgelöst haben, mit in Rechnung stellt. Da die Angeschuldigten aber sämtlich aus dieser Schau allein das damalige Geschehen werten konnten, kann man ihnen nicht unterstellen, sie hätten seinerzeit den verbrecherischen Charakter des Befehls erkannt."

Der Richter sagte in der Urteilsbegründung: „ Geht man davon aus, daß die Aktion nicht als völkerrechtlich erlaubte Repressalie anzusehen ist, so sind die Angeschuldigten doch durch *Handeln auf Befehl* entschuldigt (. . .) Den Angeschuldigten ist nicht zu widerlegen, daß ihnen ein verbrecherischer Charakter des Befehls nicht bekannt gewesen ist." Die Angeschuldigten sind, so entschied der Richter, „gemäß § 204 Abs. II Strafprozessordnung außer Verfolgung zu setzen".

In der Auflistung der griechischen Behörden, die der deutschen Justiz 1956 zuging, sind zahlreiche weitere Delikte auf Kreta mit Orts- und Datumsangabe verzeichnet, darunter 33 Fälle von Erpressung, 41 Fälle von Misshandlung sowie „Verbrennung dreier Kinder, Erschießung eines Kindes, Erschießung eines 12jährigen Kindes, Raubmord, Notzucht an einem minderjährigen Mädchen". Alle diese Delikte fanden in Urteilen deutscher Gerichte keinen Niederschlag.

Ulrich Kadelbach zog dieses Fazit: „Nach einem Krieg wird das Kriegsrecht auf beiden Seiten der kriegführenden Mächte eher zur Rechtfertigung als zu einem Instrument der Rechtsfindung benutzt. Von diesem Vorwurf kann man auch die deutsche Justiz nicht freisprechen." In der Tat bestimmten die Rechtfertigung der Angeklagten und ihre Entlastung diese Prozesse. Geist und Wortwahl des Nazi-Regimes durchziehen Äußerungen von Angeschuldigten ebenso wie von Richtern und Staatsanwälten, deren Weltbild zu Teilen noch in der Hitlerzeit geprägt worden war. Als „Bandeneinheit" bezeichnet das Gericht einen Verband zur Bekämpfung von Partisanen. Der Oberstaatsanwalt spricht von „grausamen völkerrechtswidrigen Partisanenübergriffen", die Vergeltungsaktionen ausgelöst haben - wie grausam und unverhältnismäßig diese Vergeltung erfolgte, fällt bei den Urteilen nicht ins Gewicht.

Die politische Entwicklung der 50er Jahre tat ein Übriges, die wegen Verbrechen im Krieg angeklagten Deutschen mit größter Nachsicht zu behandeln: der Kalte Krieg begann, die Furcht vor dem kommunistischen Ostblock grassierte, die deutsche Wiederbewaffnung stand an - wenn neue Soldaten gebraucht werden, so müsse ein „Schlußstrich" gezogen werden, meinten Regierung, Parteien und viele Bürger. Bundeskanzler Adenauer ersuchte die Westalliierten mit Erfolg um „Gewährung größtmöglicher Gnade" für wegen Massenmords zum Tode verurteilte Angehörige von SS-Einsatzgruppen. „Landesweit organisierten sich Mitleids- und Begnadigungskampagnen für die Massenmörder von gestern, Vorgänge, die zweifellos einen der deprimierendsten Akzente in der Gründungsphase der Bundesrepublik (der Sozialwissenschaftler Michael Okroy) setzten", schrieb DER SPIEGEL in Nummer 42/2006.

Sechstes Kapitel

Der Kopf der Entführer

Kurz nachdem Leigh Fermor General Kreipe in Kairo übergeben hatte, brach er zusammen und kam in ein Militärlazarett. Er, der Schöngeist und „wandernde Scholar", hatte mit der Planung und Führung dieser sich unerwartet lang hinziehenden strapaziösen Operation Raubbau an seinen Kräften getrieben. Mehrmals war er schon während der Aktion von ihm unerklärlichen Schmerzen geplagt worden. George Harokopos, der ihn im Lazarett besucht hatte, vermerkt: „Leigh Fermor hatte, unerklärlich für sein Alter, wahrscheinlich auf Grund der Mühen und Aufregungen der letzten Wochen, eine Lähmung der Beine erlitten. Während der ersten Tage war seine Lage so ernst, daß die britischen Militärärzte und die eigens aus London eingeflogenen Spezialisten nicht ausschließen konnten, daß er sein Leben lang gelähmt bleiben würde." Die Ärzte diagnostizierten Kinderlähmung als mögliche Ursache, zeitweise zweifelten sie sogar, ob Leigh Fermor überleben würde. Weniger ihre Kunst habe ihn gerettet, gestanden sie, sondern seine starke Natur und sein fester Wille. Drei Monate musste er in Behandlung bleiben und konnte mit Stanley Moss nicht schon im Sommer 1944 nach Kreta zurückkehren, wie er gehofft hatte. Erst im November und Dezember besuchte er das inzwischen weitgehend befreite Kreta und feierte Wiedersehen mit seinen Freunden.

Sir Patrick Leigh Fermor

Patrick Leigh Fermor, 1915 als Sohn eines adligen britischen Geologen geboren, verließ eine englische Eliteschule vor dem Abschluss, weil er wegen einer Freundin Ärger mit Lehrern hatte. Weil ihn die danach vorgesehene Ausbildung zum Offizier an der Militärakademie Sandhurst ganz und gar nicht begeisterte, brach er Ende 1933 zu einer Wanderung durch Europa auf – ihr Ziel war Konstantinopel. Mit wenig Geld und nur den nötigsten Reiseutensilien, samt einem Band Horaz im Rucksack, marschierte er rheinaufwärts und machte sich Notizen, um später darüber zu schreiben. Schriftsteller schwebte ihm als Beruf vor.

In München kehrte er im Hofbräuhaus ein, wo er staunend zwischen SS- und SA-Männern sowie „Bauern und Landwirten und Münchner Handwerkern" saß: „Die Leiber dieser schlemmenden Bürger waren so umfangreich wie Fässer. Die Breite ihrer Hintern auf den Eichenbänken war nicht viel geringer als ein Meter (. . .) Hände wie Wurstbündel flogen hurtig umher und stopften Gabelladung auf Gabelladung Schinken, Salami, Frankfurter, Krenwurst und Blutwurst hinein, Steinkrüge wurden zu langen Zügen emporgehoben." Er trank fleißig mit, hatte allerdings seit dem Frühstück nur einen Apfel gegessen und schon in Schwabing mehrere Schnäpse zu sich genommen. Nach der dritten Maß war er „über dem Hofbräuhaustisch vornüber zusammengeklappt, so betäubt, daß man mich nicht mehr aufwecken konnte". Ein „kräftig gebauter Samariter", ein Tischler, las den Bewusstlosen auf, zog ihn auf seinem Handkarren zusammen mit Stuhlbeinen zu sich nach Hause und ließ ihn auf dem Sofa schlafen. Am nächsten Morgen empfahl der Tischler ihm Schnaps als bestes Mittel gegen den Katzenjammer, doch Leigh Fermor steckte lieber den Kopf unter eine Wasserpumpe, dankte seinem Retter und „schlich schuldbewußt und mit großer Geschwindigkeit" von dannen. Nachzulesen ist diese Episode in seinem Buch *Zeit der Gaben*, dem ersten Band seiner Aufzeichnungen über die Wanderung durch Europa 1933/34.

Trotz seiner Liebe zu Kreta ließ sich Leigh Fermor nach dem Krieg nicht auf der Insel nieder. Dort hatte er zu viele Freunde, dort wäre er als Kriegsheld immer wieder gefeiert worden und kaum zum Schreiben gekommen, befürchtete er. Doch in Griechenland blieb er, sofern er nicht reiste. Er entwarf für sich und seine Frau ein Haus auf der „abgeschiedenen, öden" Halbinsel Mani im Süden des Peloponnes, über die er ein Buch geschrieben hat. Die deutschsprachige Ausgabe ist 1960 unter dem Titel *Mani – Reise ins unentdeckte Griechenland* erschienen. „Mani ist wirklich ein seltsames Stück Europa und sein Entdecker ein Schriftsteller mit hohen Gaben", urteilte Ernst Saemisch in der *Süddeutschen Zeitung*, „Fermor schrieb kein übliches Reisebuch, sondern als vermöge er aus Steinen Leben zu schlagen, gab er mehr: Eine ungemein lebendige, trotzdem genaue, durch die Tiefen der Zeiten reichende Biographie einer Landschaft und ihrer Menschen."

Sein Herz für Griechenland hatte Leigh Fermor in der zweiten Hälfte der dreißiger Jahre entdeckt, als er sich nach seiner Wanderung nach Konstantinopel Hellas widmete und dort vor allem Klöster besuchte. „Ich hatte schon einige Jahre vor dem Krieg begonnen, dieses Land zu durchwandern und hatte mich hier und dort längere Zeit aufgehalten", schreibt er im Vorwort zu *Mani* und fährt fort: „Der Krieg tat dieser Wanderschaft keinen Abbruch, wenn er ihr auch vorübergehend einen anderen Zweck unterlegte." In der Tat konnte er, als er sich in seinem Kriegsdienst auf Kreta einsetzen ließ, seine Wanderungen auf griechischem Boden fortsetzen - zwangsläufig musste er sich bei seinen Geheimaktionen auf der Insel fast immer zu Fuß fortbewegen, auch die Generalsentführung war für ihn in diesem Sinn eine Wanderung.

Mehrere Monate bereiste Leigh Fermor die Karibik und brachte eine Geschichte mit, die er, sinnlich-farbig und kunstvoll komponiert, in seinem einzigen Roman, *Die Violinen von Saint-Jacques*, erzählt. Eine verheerende Naturkatastrophe steht im Zentrum dieses kleinen Meisterwerks: Die Karibikinsel Saint-Jacques, auf der ihre glücklichen Bewohner gerade prächtig und ausgelassen Karneval feiern, versinkt durch Sturmflut und Erdbeben nach einem Vulkanausbruch innerhalb einer Stunde im Meer, 42.000 Menschen sterben. Die Erinnerung an den Untergang von Atlantis wird in dem Buch kurz beschworen, vielleicht klingt bei dem profunden Kreta-Kenner Leigh Fermor hier auch der Untergang der minoischen Paläste nach, die, wie Forscher annehmen, mit ihrer Pracht und ihren friedlichen Bewohnern Opfer von abrupten Sturmfluten und Erdbeben wurden, ausgelöst durch einen gewaltigen Vulkanausbruch auf der Insel Santorin.

Längere Zeit hielt sich Leigh Fermor in Klöstern in Frankreich und Kappadokien auf. Daraus ist ein in Deutsch unter dem Titel *Reise in die Stille* vorliegendes Buch entstanden. Einfühlsam und informativ stellt der Autor darin das Leben von Mönchen und die wechselvolle Geschichte der Klöster dar. Es scheint, als habe der unruhige Geist hinter Klostermauern eine „Botschaft des Friedens“ empfangen, die, wie es am Ende des Buches heißt, „den Geist zur Ruhe bringt und die Seele tröstet“.

Die Aufzeichnungen des Kreters George Psychoundakis beeindruckten Leigh Fermor so sehr, daß er sie übersetzte, die Buchveröffentlichung veranlaßte und eine ausführliche Einführung schrieb.

Über Kreta hat Leigh Fermor kein Buch geschrieben. Ausführlich, kenntnisreich und voller Hochschätzung äußert er sich über die Insel und ihre Bewohner in seinem Vorwort zu *The*

Cretan Runner von George Psychoundakis. Darin führt er aus, die Kreter seien in ganz Griechenland berühmt für ihre revolutionäre Vergangenheit, für ihre Fehden und ihre Neigung zu Gesetzlosigkeit, für Gewalttätigkeit und Ungestüm, doch das alles sei letztlich unterlegt von „starker Solidarität" untereinander. Politisch sei Kreta von republikanischem Liberalismus bestimmt. Weiter heißt es: „Die kretische Widerstandsbewegung war eine der erfolgreichsten in Europa. Sie wurde allerdings nie der finalen Probe unterzogen, nämlich dem inselweiten Aufstand bei einem alliierten Landeunternehmen, nach dem sich ganz Kreta gesehnt hat." Von der kretischen Landschaft schwärmt Leigh Fermor, sie sei in all ihren Facetten von „unglaublicher, überwältigender Schönheit", das Licht sei „leuchtend, strahlend, blendend".

George Psychoundakis, vor dem Krieg Schäfer in einem abgelegenen Dorf, hatte Leigh Fermor als „runner" gute Dienste geleistet. Er hatte sich als schneller Nachrichtenübermittler hervorgetan: In zwei Tagen lief er 50 Meilen durch unwegsames Bergland. Als Leigh Fermor 1951 Psychoundakis in den kretischen Bergen besuchte, las er dessen Aufzeichnungen über die Besatzungszeit und war davon so beeindruckt, dass er sie übersetzte und die englische Buchausgabe veranlasste. Er bezeichnete das Buch als „etwas Einzigartiges in der Literatur über den Widerstand: eine Art naives Kriegsbuch in dem Stil, in dem der Zöllner Rousseau gemalt hat".

In Großbritannien stieg Leigh Fermors Ansehen als Autor beständig. „Er ist einer der bedeutendsten Reiseschriftsteller aller Zeiten", urteilte die *Sunday Times*. Ziemlich gewagt sah man in ihm eine Kreuzung „zwischen Indiana Jones, James Bond und Graham Greene". Als die Königin den 89jährigen nach vielen militärischen und literarischen Auszeichnungen 2004 adelte, charakterisierte die BBC Sir Patrick als „one of the finest writers of the past century". Bei uns fand er erst breitere Würdigung nach der im Jahr 2000 herausgekommenen *Reise in die Stille*, danach mit der Neuauflage von *Zeit der Gaben* und der Neuerscheinung *Zwischen Wäldern und Wasser*, dem zweiten Band über seine Wanderschaft nach Konstantinopel.

Mit diesen Büchern, so Thomas Medicus am 30. Januar 2006 in der *Süddeutschen Zeitung*, „schuf er ein hierzulande allzu lange übersehenes Wunder". Auf die für Deutsche wenig schmeichelhafte Generalsentführung, die Sir Patricks Ruhm in England förderte, wird bei uns seltener verwiesen. Er sei ein „Körper und Geist, Tat und Ästhetik ausbalancierender Gentleman", gestand Thomas Medicus ihm zu und ließ eine treffende Charakterisierung des Engländers folgen: „Die englische Literatur hat viele solcher mal mehr, mal weniger exzentrischen Männer hervorgebracht, Lord Byron etwa, das unverkennbare Vorbild Fermors, Robert Ranke-Graves oder T. E. Lawrence. In der Zwischenkriegszeit des 20. Jahrhunderts hat diese Generation vielleicht zum letzten Mal deutliche Gestalt angenommen. Sir Patrick ist einer ihrer letzten Repräsentanten. Auch das ist ein Grund, sich von diesem Autor verzaubern zu lassen."

Ein Erlebnis besonderer Art bei der Generalsentführung, das Stanley Moss in seinem *Ill Met By Moonlight* nicht erwähnt, machte Leigh Fermor erst Jahrzehnte später publik. In seinem Buch *Zeit der Gaben*, im englischen Original 1977 erschienen, nennt er Horaz als seinen Lieblingsdichter unter den Römern, eine Vielzahl von dessen Oden hatte er auswendig gelernt und einige „in plumpe englische Strophen" übertragen. Eine Ode - I. IX. Ad Thaliarchum - kam ihm „in einer seltsamen Situation" mit General Kreipe zu Hilfe: „Es war eine Zeit der Angst und Gefahr für uns und des Ungemachs und der Qual für unseren Gefangenen. In einer Ruhepause während der Verfolgung erwachten wir zwischen den Felsen, gerade als eine prächtige

Morgendämmerung über dem Kamm des Berges Ida anbrach. Über ihn hatten wir uns die letzten zwei Tage durch Schnee und Regen geschleppt. Den Blick über das Tal hinweg auf diesen glühenden Bergkamm gerichtet, murmelte der General vor sich hin:

Vides ut alta stet nive candidum
Soracte

Es war einer der Verse, die ich kannte! Und ich setzte fort, wo er aufgehört hatte:

nec iam sustineant onus
Silvae laborantes geluque
Flumina constiterint acuto ?

und so weiter durch die restlichen fünf Strophen bis ans Ende. Die blauen Augen des Generals waren von der Bergspitze weg zu meinen Augen geschwenkt - und als ich geendet hatte, sagte er, nach einem langen Schweigen: Ach so, Herr Major! Es war sehr merkwürdig. Als ob für einen langen Augenblick der Krieg aufgehört hätte zu existieren. Wir beide hatten lang zuvor an denselben Quellen getrunken; und für den Rest unserer gemeinsamen Zeit hatte sich etwas zwischen uns geändert."

Achtundzwanzig Jahre danach, im Mai 1972, arrangierte Leigh Fermor in Athen ein Wiedersehenstreffen mit General a. D. Kreipe, der seine Ehefrau mitbrachte, und den kretischen Helfern bei der Entführung, darunter George Tirakis, Manolis Paterakis und Stratis Saviolakis, die Kreipe seinerzeit bei der nächtlichen Fahrt durch Heraklion hinten im Generalswagen bewacht hatten. Stanley Moss lebte nicht mehr, er war 1956 bei einem Verkehrsunfall umgekommen. In seiner Tischrede dankte Leigh Fermor auf Griechisch seinen kretischen Gefährten, auf Deutsch wandte er sich an Kreipe und entschuldigte sich in aller Form für das, was damals „geschehen ist". Er hoffe, sagte er, der General trage ihnen diese Aktion nicht mehr nach. Kreipe antwortete, er hege keine Ressentiments gegen seine Entführer, sonst wäre er nicht zu diesem Treffen gekommen. Er betonte erneut, er sei stets „ritterlich“ behandelt worden. Darauf wurden Erinnerungen ausgetauscht, Horaz-Verse zitiert, und es wurde opulent griechisch gegessen und getrunken.

Zu einem Wiedersehen trafen sich die Entführer mit General a. D. Kreipe und dessen Frau im Mai 1972 in Athen. Links von Kreipe Leigh Fermor, Paterakis, Tirakis, Chnarakis, Tsatsas und Athanasakis. Rechts von Frau Kreipe Papaleonidas, Vrelianakis, Akoumianadis.

Dieses Treffen nutzte das griechische Fernsehen zu einer Sendung, in der alle Teilnehmer mitwirkten und über die Generalsentführung berichteten. George Harokopos merkte an, die „Begegnung und Verbrüderung des Generals mit seinen Entführern nach 28 Jahren (. . .) beeindruckte die Hunderttausende von Zuschauern, die diese ungewöhnliche Sendung mit Erstaunen und gesteigertem Interesse verfolgten. Es handelte sich um einen der packendsten und originellsten Beiträge, die das griechische Fernsehen bis dahin ausgestrahlt hatte“. Der Stolz des Kreters auf die gelungene Generalsentführung spricht auch aus dem Epilog, mit dem Harokopos sein Buch *Die Entführung von General Kreipe* enden lässt. Er nennt diese Aktion „einzigartig in den Chroniken des Zweiten Weltkriegs“ und „die herausragendste Unternehmung im geheimen Krieg 1941-1944“. Abschließend schreibt er: „So wird diese Entführung trotz der barbarischen Vergeltungsmaßnahmen nicht nur als die wagemutigste und erstaunlichste, sondern auch als die am besten geplante Aktion in der Geschichte des Zweiten Weltkriegs verzeichnet werden.“

Quellen und Literatur

Beevor, Antony: Crete - the Battle and the Resistance. London 1991 und 2005.

Benario, Janice M.: Horace, Humanitas and Crete. In: Amphora - A Publication of the American Philological Association, Vol. 2, Issue 1, Spring 2003. (Enthält Informationen u. a. über das Wiedersehenstreffen 1972 sowie über die von Kreipe und Leigh Fermor zitierten Horaz-Verse)

Harokopos, George Efthymiou: Die Entführung von General Kreipe. Aus dem Griechischen übersetzt von Elisa Zoccolan, Heraklion 2002.

Ders.: The Abduction of General Kreipe. Translated from the Greek by Rosemary Tzanaki, Heraklion 2003.

Leigh Fermor, Patrick: Words of Mercury. London 2003. (Enthält: Abducting a General - From a Report written for the Imperial War Museum 1969)

Ders.: Zeit der Gaben - Zu Fuß quer durch Europa nach Konstantinopel. 1. Teil, Salzburg 1979.

Ders.: Vorwort zu The Cretan Runner von George Psychoundakis, London 1955 und 1998.

Moss, W. Stanley: Ill Met By Moonlight. London 1950 und Athen 2000.

Münster, Thomas: Kreta hat andere Sterne. München 1960.

Panayiotakis, George J.: Die Schlacht um Kreta. Text in Deutsch,

Griechisch und Englisch, Heraklion 1993.
Psychoundakis, George: The Cretan Runner. Translation and Introduction by Patrick Leigh Fermor, London 1955 und 1998.
Kadelbach, Ulrich: Schatten ohne Mann - Die deutsche Besetzung Kretas 1941-1945. Mähringen 2002.
Kazantzakis, Nikos: Mitautor von Ekthesis tis Kentrikis Epitropis Diapistoseos Omotiton En Kriti. Herausgeber: Dimos Herakliou, Heraklion 1983. (Sinngemäße deutsche Übersetzung: Bericht des zentralen Ausschusses zur Feststellung von Kriegsverbrechen auf Kreta), zitiert nach Eberhard Rondholz: Die Erde über den Gräbern bewegt sich noch. In: ZEIT-Punkte Nr. 3/1995.
Kokonas, N. A.: The Cretan Resistance. Foreword by P. Leigh Fermor and others, Heraklion 2004. (Enthält: Final Report on SOE-Missions in Crete 1941-1945)
Kurowski, Franz: Der Kampf um Kreta. Herford 1965.
Rondholz, Eberhard: Die Erde über den Gräbern bewegte sich noch. In: ZEIT-Punkte Nr. 3/1995.
Xylander, Marlen von: Die deutsche Besatzungsherrschaft auf Kreta 1941-1945. Freiburg 1989.
General der Flieger Student (Hrsg.): Kreta - Sieg der Kühnsten - Vom Heldenkampf der Fallschirmjäger. Graz 1942.

Ill Met By Moonlight. Englischer Spielfilm frei nach dem gleichnamigen Buch von W. Stanley Moss, 1957. Regie: Michael Powell und Emeric Pressburger. Darsteller: Dirk Bogarde, Marius Goring, David Oxley u. a. Erhältlich als DVD-Kopie im Internet-Handel (Der Film weicht in Figurenzeichnung und Handlungsdetails oft von der Vorlage ab.)

Abenteuer Kreta. General Kreipe wird entführt. Dokumentarfernsehsendung aus den 70er Jahren. VHS-Kassette - 30 Minuten, Verlag Heitz, Krefeld. (Kreipe äußert sich darin zu seiner Entführung)

Die gegen Ende dieses Buches in einem Text von Leigh Fermor lateinisch zitierte erste Strophe der Ode I, 9 von Horaz lautet in einer deutschen Übersetzung: Siehst du Soractes Gipfel im tiefen Schnee / Erglänzen, siehst die Wälder die Bürde nur / Mit Mühe tragen und im scharfen / Froste die Fluten zu Eis gerinnen? (Soracte ist ein Berg im Tibertal bei Falerii).

Die unterschiedliche Schreibweise von aus dem Griechischen übersetzten Personen- und Ortsnamen in den verschiedenen Quellen ist beibehalten worden.

Die Fotos wurden mit freundlicher Genehmigung von V. Kouvidis (Heraklion) dem Buch *Die Entführung von General Kreipe* von George Harokopos entnommen.

Reihe Sedones

Ein Schwerpunkt des Verlages Dr. Thomas Balistier ist die 1998 eröffnete *Reihe Sedones*. Hier werden spannende und unterhaltsame Themen für den an der Kultur und Geschichte Kretas interessierten Urlauber informativ und kurzweilig behandelt.

Sedones 5
Ulrich Kadelbach:
Schatten ohne Mann. Die deutsche Besetzung Kretas 1941-1945
124 Seiten, ISBN 978-3-9806168-5-0

„Eine bedenkenswerte Lektüre, für ‚nordische' Fit-for-fun-Kreta-Touristen vielleicht sogar eine Pflichtlektüre." (Athener Zeitung)
„Kadelbach hat ein Buch gegen die Schlußstrichmentalität geschrieben." (Heidenheimer Zeitung)

Sedones 7
Arn Strohmeyer:
Dichter im Waffenrock.
Erhart Kästner in Griechenland und auf Kreta 1941 bis 1945
131 Seiten, ISBN 978-3-937108-07-0

Der Schriftsteller Erhart Kästner (1907-1974) ist bei Griechenland-Liebhabern noch heute äußerst populär. In Rezensionen seines Werkes wird er als „Philhellene" und „Humanist" beschrieben. Kästner trat 1939 der NSDAP bei und meldete sich freiwillig zur Wehrmacht. 1941 erhielt er auf eigenen Wunsch von der deutschen Militärführung in Athen den Auftrag, Griechenlandbücher für die Soldaten zu schreiben. Erhart Kästner: ein Philhellene und Humanist? Arn Strohmeyer geht dem Phänomen nach, wie dieser Autor während des 2. Weltkriegs „sein" ideales Griechenland suchen und dabei die brutale Realität des Krieges so gut wie ausblenden konnte.

Sedones 3
Franz Wilhelm Sieber
Kreta 1817
Ein historischer Reisebericht
107 Seiten, Abbildungen
ISBN 978-3-9806168-3-6

„Mit Siebers Reisebericht ist dem Balistier-Verlag eine besondere Entdeckung gelungen, denn das Buch war nach seiner Publikation schnell in Vergessenheit geraten. Was den Kenner der größten griechischen Insel an den Beschreibungen Siebers vielleicht am meisten beeindruckt, ist die Wiedererkennbarkeit vieler Orte der Insel, aber auch des besonderen Charakters der Kreter, der sich nur wenig geändert haben mag. Die anschauliche, lebendige Sprache und die Vorurteilslosigkeit des Verfassers tun das ihrige, um diesen Bericht zu einem besonderen Lesevergnügen zu machen." (Athener Zeitung)

Sedones 10
Zacharias G. Mathioudakis (Hg.)
Eine Frühlingsfahrt nach Kreta.
Ein historischer Reisebericht
von Martin Rikli aus dem Jahre 1914
112 Seiten
ISBN 978-3-937108-12-4

Im Frühjahr 1914 unternimmt eine Reisegesellschaft aus Zürich eine naturwissenschaftliche Exkursion nach Kreta. Die Gäste aus der Schweiz werden von den örtlichen Honoratioren und von der Bevölkerung herzlich willkommen geheißen. Martin Rikli notiert am Ende seines Reiseberichts: „Das Ungemach und die gelegentlichen Entbehrungen, die eine solche Reise mit sich bringen, sind längst vergessen; aber ein Kapitel fürs Leben bleiben (...) die vielen Einblicke in das Volksleben dieser (...) von der westeuropäischen Kultur fast unberührt gebliebenen Insel. Es war ein Wandern in längst vergangenen Zeiten."